ピースワンコ物語

犬と人が幸せに暮らす未来へ

今西乃子 著
浜田一男 写真
特定非営利活動法人ピースウィンズ・ジャパン 協力

合同出版

広《ひろ》島《しま》県《けん》動物愛護《あいご》センターに保護《ほご》されたワンコたち

ピースワンコが
引き取らなければ、
翌日殺処分《よくじつさっしょぶん》される

捕獲《ほかく》されてから
ずっと不安と恐怖《きょうふ》で
いっぱいの子犬

ピースワンコのスタッフが愛護《あいご》センターに到着《とうちゃく》！

ワンコを連れて帰る
ケージを組み立て中

ほら、大丈夫《だいじょうぶ》だよ
怖《こわ》くないよ

シェルターに
向けて出発 !!

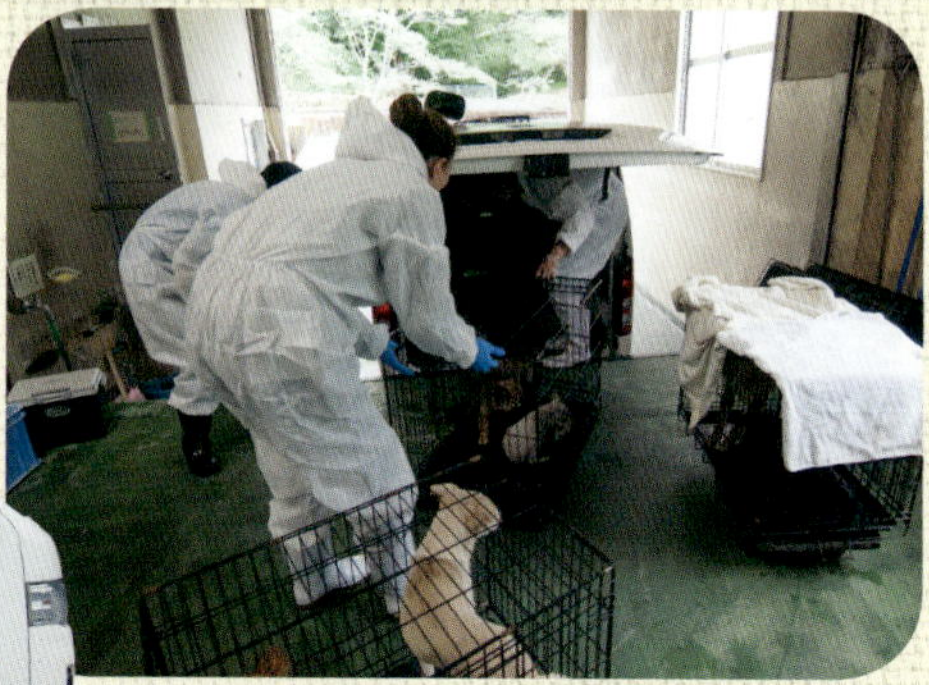

ピースワンコ・ジャパンへ
ようこそ！

Peace Wankな Japan
ワンコとヒトの幸せのために

ドイツのティアハイム（動物保護施設《ほごしせつ》）を
参考につくられた第１シェルター

手入れが行《ゆ》き届《とど》いた
広い犬舎《けんしゃ》で快適《かいてき》

からだもぴかぴかになって、
みんな幸せそうなワンコたち

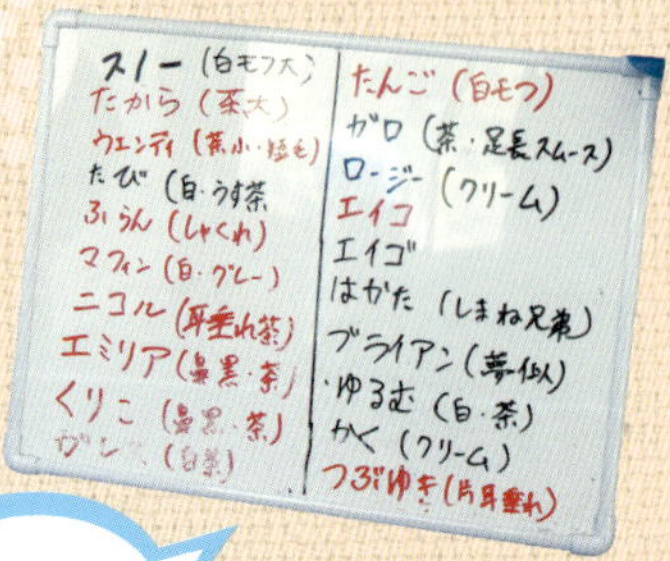

ぼくたちみーんな
名前があるよ!!

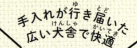

むぎゅ〜
人ってあったかいね

広いドッグランでピースワンコのスタッフと元気に遊ぶワンコたち

ねえねえ
いっしょに遊ぼうよ

いいもの
見つけた！

譲《じょう》渡《と》センターで
新しい家族をまってるワンコたち

きょうはどんな人が
会いに来てくれるかな

ぼくと、わたしと、
家族になって!!

ピースワンコ物語

犬と人が幸せに暮らす未来へ

ぼく（保護犬《ほごけん》）からのおねがい

はじめは、みんなの手のにおいをかがせてね。
しゃがんで、グーの手を出してもらえれば、くんくんするよ！
これが、ワンコの「はじめまして」のあいさつです。

ぼくたちは、じっと目を見つめられるのは苦手です。
攻撃《こうげき》されるのかな、と不安になってしまいます。
ぼくたちのそばで、大きな声を出したり、

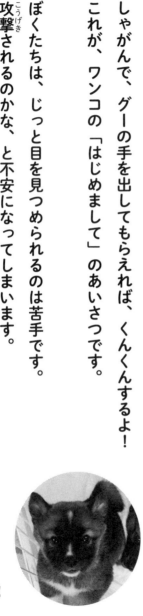

いやがっているのに、むりにさわったり、だっこしたりしないでください。
緊張《きんちょう》して、かんじゃったり、
びっくりして、おしっこや、うんちをしちゃうこともあるよ……。

でもね……、たくさん遊んでくれるのはとってもうれしい！
とっても楽しい！
だから、やさしく遊んでね！

ピースワンコ・ジャパン

ピースワンコ・ジャパンにいる犬たちの
9割《わり》は、野犬《やけん》や野良犬《のらいぬ》だった。
だれからも必要とされず、
だれからも見向きもされず、
不要な「命」として、捕獲《ほかく》され、
人間の手によって
殺処分《さっしょぶん》される運命だった——。
その「命」が、救われた。

だが「命」を救えばそれでいいというものではない。
「命」を救えば「終わり」というものでもない。
「命」が救われた、助かった、
その時点が「始まり」なのだ。
命とは、ただ「息をしている」ということではない。
命とは、「幸せになれる」という
希望があることだ——。

もくじ

プロローグ　犬が消えた日

1982年春――。

純子《じゅんこ》が住む、大阪府郊外《おおさかふこうがい》にある新興住宅地《しんこうじゅうたくち》の子どもたちは、人通りの少ない山と田んぼを通《とお》り抜《ぬ》けて、小学校まで通わなくてはならなかった。

小学校は、純子《じゅんこ》が住む住宅地《じゅうたくち》とはかなり離《はな》れた街中《まちなか》にあったからだ。距離《きょり》にして3キロほどだろうが、子どもの足では片道《かたみち》40分以上かかる。

低学年のころはかなりきつい通学だったが、10歳《さい》になった純子《じゅんこ》にはこの日常《にちじょう》がそれほど苦《く》痛《つう》ではなくなっていた。

高学年に入り、体が成長して歩幅《ほはば》が大きくなったせいもあるが、放課後の長い通学路を、あちらこちら寄《よ》り道《みち》をしながら帰ってくるのも、また楽しみの一つになっていたのだ。

純子《じゅんこ》が好きだったのは、街中《まちなか》と自分が住む住宅地《じゅうたくち》の間の林の中にある沼地《ぬまち》だった。

雨の日は長靴《ながぐつ》を履《は》いているので、学校からの帰り道には、必ずといっていいほどこの沼地《ぬまち》に足を踏《ふ》み入《い》れる。

「ようし！　今日こそは絶対《ぜったい》成功させるで！」

純子《じゅんこ》はこの沼《ぬま》を歩いて渡《わた》ってみたいと思っていた。

しかし、何度トライしても、渡《わた》れるわけはなかった。

踏《ふ》み入《い》れた足はたちまちずぶずぶと沈《しず》み、泥《どろ》の深みにはまっては、長靴《ながぐつ》の左右どちらかを失ってしまうことになる。

それでも、純子《じゅんこ》はいつか沼《ぬま》の上をシャー、シャーッと、滑《すべ》るように渡《わた》れると信じていた。

人気《ひとけ》がなくひっそりとした沼《ぬま》は、川や池とは違《ちが》った神秘《しんぴ》に満《み》ちあふれていた。

それは、妖怪《ようかい》が出てきそうな恐怖《きょうふ》に満《み》ちた神秘《しんぴ》であり、精霊《せいれい》が宿《やど》っていそうなロマンチックな神秘《しんぴ》であり、何かとてつもないパワーが宿《やど》っていそうな神秘《しんぴ》でもあった。

長靴《ながぐつ》を沼《ぬま》に取られて母親に怒《おこ》られても、純子《じゅんこ》の「沼渡《ぬまわた》り」は雨上がりのたびに続いた。

「あんた、また長靴《ながぐつ》落としたんか？」

「うん……でも、まだ2足目やん……」

長靴《ながぐつ》が沼《ぬま》に吸《す》い込《こ》まれる確率《かくりつ》からいえば、たしかに「まだ2足目」だが、母親からすれば、どうして長靴《ながぐつ》を落とすのか、理解《りかい》できなかったのだろう。

梅雨《つゆ》に入ると、純子《じゅんこ》は「沼渡《ぬまわた》り」にますます熱を入れた。

雨降《ふ》りのうっとうしい天気が続けば、毎日堂々と長靴《ながぐつ》を履《は》いて学校に行ける。

雨は梅雨時《つゆどき》らしく、しとしとと、降《ふ》ったりやんだりをくり返した。

ザーザーと降《ふ》ることのない、その季節独特《どくとく》の静かな雨は、沼《ぬま》の神秘《しんぴ》をいっそう引き立て、純子《じゅんこ》の興味《きょうみ》を大きくそそった。


その日は、午後になっても雨がやむことはなかった――。

純子《じゅんこ》は学校の帰り道、いつものように沼地《ぬまち》へと足を速めた。

霧雨《きりさめ》のせいで、あたりにはいつも以上に人気《ひとけ》がなく、暗く、静かだった。

「今日こそ、滑《すべ》るように渡《わた》るで！」

そう言いながら、沼《ぬま》に足を踏《ふ》み入《い》れようとした時、ふと、沼《ぬま》の向こうで何か白いものが動いた。

「だれか、いるん？」

純子《じゅんこ》は沼《ぬま》に入るのをやめて、白いものを眼《め》で追った。

濡《ぬ》れそぼった白い犬が、しっぽを下げて純子《じゅんこ》をじっと見ている。

「なんやあ、犬やん！　ほら、こっちおいで！」

純子《じゅんこ》が数歩歩いて犬にそっと近づくと、犬は純子《じゅんこ》が近づいたのと同じ数歩後ろに下がって立ち止まった。

「ほら……こわがらんでいいよ」

近づくと、近づいた分だけ逃《に》げて立ち止まる。まるで、「だるまさんがころんだ」だ。

よく見ると、犬はガリガリに痩《や》せていた。

野犬《やけん》に間違《まちが》いない。このあたりに野犬《やけん》が多いことは、以前から新興住宅地《しんこうじゅうたくち》の住民の中で噂《うわさ》になっていた。

純子《じゅんこ》は、給食で食べきれず持ち帰った残りのパンを、給食袋《ぶくろ》の中から取り出した。

「ほうら、おいで！　お腹《なか》、減《へ》ってるんやろ？」

純子《じゅんこ》はパンを小さくちぎり、白い犬の前に放り投げた。

犬はしばらく地面に落ちたパンを見ていたが、空腹《くうふく》には勝てなかったのか、鼻をクンクン近づけて、パンを一気に平らげた。

「よかった！」

白い犬を見て純子《じゅんこ》は、自分の家で飼《か》っているコロのことを思った。

コロは生まれて間もなく段《だん》ボールに入れられて、きょうだい5匹《ひき》で道端《みちばた》に捨《す》てられていた犬だった。それを見つけた純子《じゅんこ》とクラスメートは、子犬の入った段《だん》ボールを拾って持ち帰り、近所を駆《か》けずり回《まわ》って飼《か》い主《ぬし》になってくれる人を探《さが》した。幸い、4匹《ひき》の子犬たちには飼《か》い主《ぬし》が見つかり、最後に残った1匹《ぴき》は純子《じゅんこ》の家に引き取られ、コロと名づけられた。

そのコロは、今ではわが物顔で、純子《じゅんこ》の家族の一員として、何不自由なく幸せに暮《く》らしている。

白い犬とコロの姿《すがた》が、純子《じゅんこ》の中で重なった。

自分たちがあの時、段《だん》ボール箱を拾わなければ、コロも野犬《やけん》になっていたのではないか――。人間に怯《おび》え、食べるものもなく、ガリガリに痩《や》せて、人目につかないところで、隠《かく》れるようにひっそりと、生きていくしかなかったのではないか――。

そう考えると、やりきれない気持ちになった。

それから、純子《じゅんこ》は毎日学校の帰りに、沼地《ぬまち》周辺でこの白い犬を探《さが》すようになった。犬がいると、純子《じゅんこ》は給食のパンを犬に与《あた》えた。

犬もそのことを知ってか、しばらくすると、純子《じゅんこ》が来るのを待っているかのように、しっぽを振《ふ》って近づくようになっていった。しかし、野犬《やけん》として人間から厄介者《やっかいもの》とされてきた犬が、純子《じゅんこ》に心を完全に開くことはなかった。

純子《じゅんこ》を見てしっぽを左右にゆっくりと揺《ゆ》らすものの、純子《じゅんこ》との距離《きょり》は一定に保《たも》ったままだ。

純子《じゅんこ》は犬にふれることさえできなかった。

それでも、純子《じゅんこ》は毎日パンを持って、白い犬に会いに行った。

「人間に飼《か》われている犬」と「飼《か》い主《ぬし》がいない野犬《やけん》」。

同じ犬なのに、片《かた》やペットとして大切にされ、もう片方《かたほう》は厄介者《やっかいもの》扱《あつか》いをされる。

同じ命なのに、同じ犬なのに、同じように生まれたのに……。

コロと白い犬を比《くら》べては考え、考えれば考えるほど、生き物に「命の順位」をつける資格《しかく》が人間にあるのか、と疑問《ぎもん》に思えてきた。

野犬《やけん》に餌《えさ》を与《あた》えるのはいけないことだ——。

そんなことはわかっている——。

では、どうすればいいのか……。そこから先は、10歳《さい》の純子《じゅんこ》には答えが出なかった。

答えが出ないまま、純子《じゅんこ》は白い犬にパンを与《あた》え続《つづ》けた。

やがて、白い犬は純子《じゅんこ》を見るとしっぽを振《ふ》って向こうから寄《よ》ってくるようになった。

もう少しで、触《さわ》れるようになるかもしれない。

今は、沼渡《ぬまわた》りどころではなかった。

放課後、白い犬と会うことは、純子《じゅんこ》にとって秘密《ひみつ》の日課となった。


その朝も、いつもと同じように、純子《じゅんこ》の一日は集団登校《しゅうだんとうこう》で始まった。

朝は集団登校《しゅうだんとうこう》のためか、近くを通っても、犬が姿《すがた》を見せたことは一度もなかった。

「犬は賢《かしこ》い生き物やからなあ。朝は給食袋《ぶくろ》が空やっていうのを知ってるんやな」

純子《じゅんこ》は一人想像《そうぞう》して笑った。

「今日もなるべく早く来るから、待っててね」純子《じゅんこ》は心の中でつぶやいた。

その日の朝はいつも通りだったが、放課後はちょっと違《ちが》った。

「今日の放課後なんですが……、こちらの班《はん》の児童は夕方4時までは学校から出ないよう、居《い》残《のこ》りをしていてください。何をしていてもかまいませんが、学校の校庭か学校の中で遊ぶように。わかりましたね？」

クラスの担任《たんにん》が「終わりの会」の前に言った。

「こちらの班《はん》」の児童とは、新興住宅地《しんこうじゅうたくち》に住む児童たちのことで、純子《じゅんこ》も居残《いのこ》り組《ぐみ》に含《ふく》まれていた。純子《じゅんこ》は街中《まちなか》のクラスメートに「バイバイ」と言うと、居残《いのこ》り組《ぐみ》とドッジボールをして放課後の時間を過《す》ごした。

帰宅許可《きたくきょか》は、4時ぴったりに担任《たんにん》から告げられた。

「4時になりました。遅《おそ》くなったので、みんな気をつけて帰ってください。寄《よ》り道《みち》などはしないように」

居残《いのこ》りの理由はよくわからなかったが、今はそんなことはどうでもよかった。

自分を待っている犬がいるのだ。

純子《じゅんこ》は給食袋《ぶくろ》の中のパンを確認《かくにん》して、あわててランドセルを背負《せお》うと、いつもの場所に向かった。

しかし――、白い犬はその日、姿《すがた》を見せなかった。

帰る時間が遅《おそ》かったから、あきらめてどこかに行ったのだろうか。

しばらく犬を呼《よ》んだり、近くを探《さが》したりしてみたが、犬の姿《すがた》はどこにもなかった。

「明日は、いつもと同じ時間に来るからね！　待っててな！」

沼《ぬま》に向かってそう言うと、純子《じゅんこ》は暗くならないうちに、足早に家に帰っていった。


自宅《じたく》に着くと、妹が一足先に帰っていた。

純子《じゅんこ》の家は共働きのため、母親が仕事から帰ってくるまでは、いつも姉妹2人だけだ。

妹に聞くと、妹も学校で4時まで残されたという。

「おねえちゃんも、居残《いのこ》りしてたん？　なんでかなあ……」

「おかあさんに聞いたら何かわかるかな？　そういえば、昨日、学校から保護《ほご》者用にお手紙があったやん。あれに何か書いてあったんちがう？」

純子《じゅんこ》の問いかけに、妹はさほど興味《きょうみ》を示《しめ》さなかった。

純子《じゅんこ》がテレビを見ながら、母親の帰りを待っていると、母親はいつもと同じ時間きっかりに自宅《じたく》に戻《もど》ってきた。

「おかあさん、おかえり！　あのさあ、昨日、学校から保護《ほご》者用にもらった手紙に何が書いてあったん？」

純子《じゅんこ》は胸騒《むなさわ》ぎを覚え、疲《つか》れて帰ってきた母親をせかすように、手紙のことを聞いた。

「ああ、あの手紙？　今日の午後2時半から4時まで、この周辺の山と田んぼで保健所《ほけんじょ》が野犬《やけん》狩《が》りやるって書いてあったよ。子どもらには、保健所《ほけんじょ》が野犬《やけん》をつかまえるとこ、見せん方がいいからって、野犬狩《やけんが》りが終わるまで学校に居残《いのこ》りさせますっていうお知らせ」

「……そうなんや……」

野犬狩《やけんが》りは純子《じゅんこ》らが住む新興住宅地《しんこうじゅうたくち》周辺のみでおこなわれたので、街中組《まちなかぐみ》に居残《いのこ》りはなく、普段《ふだん》通り帰ることができたらしい。

「なんで？　なんかあったの、純子《じゅんこ》？」

「ううん……」

純子《じゅんこ》はしっくりせず、首をかしげたが、自分の中に湧《わ》き上《あ》がる不安が何なのかはわからなかった。

「ふーん……」

純子《じゅんこ》は、そうつぶやくと、明日は今日の分まで、たくさん給食のパンを持ってあの白い犬に会いに行こうと思った。

きっとお腹《なか》はペコペコだ。明日のパンは食べずに全部あの犬に持っていこう。

しっぽを振《ふ》って純子《じゅんこ》を待っている犬の姿《すがた》が、頭に浮《う》かんだ。

しかし、その後、白い犬が純子《じゅんこ》の前に姿《すがた》を見せることは、二度となかった――。

1　救われた命

2017年6月5日、月曜日——。

大西純子《おおにしじゅんこ》が住む、広島県神石郡神石高原町《ひろしまけんじんせきぐんじんせきこうげんちょう》は朝から天気がよく、すんだ青空が広がっていた。

しかし、今の純子《じゅんこ》に、さわやかな空を仰《あお》ぐような時間はない。

金曜日に届《とど》いたメールを確認《かくにん》して、純子《じゅんこ》は静かにうなずいた。

純子《じゅんこ》がプロジェクト・リーダーを務《つと》める「ピースワンコ・ジャパン」が明日、広島県《ひろしまけん》動物愛護《あいご》センターから引き取る犬は、成犬《せいけん》10頭、子犬が9匹《ひき》の計19頭。

最終的な数は、明日の朝、再《ふたた》びメールで連絡《れんらく》が来る。

メールは広島県《ひろしまけん》動物愛護《あいご》センターの職員《しょくいん》からで、19頭は、金曜日の段階《だんかい》でこのセンターに収容《しゅうよう》されていた犬の数だ。

動物愛護《あいご》センターは、日本全国にある行政施設《ぎょうせいしせつ》で、人と動物が上手に共生するための「愛《あい》護業務《ごぎょうむ》」と、飼《か》い主《ぬし》に捨《す》てられた犬・ねこや野犬《やけん》を収容《しゅうよう》して処分《しょぶん》する「管理業務《ぎょうむ》」の2つを担《にな》っており、ピースワンコが引き取るのは、野犬《やけん》や飼《か》い主《ぬし》から捨《す》てられて、収容《しゅうよう》された犬たちだった。

この犬たちは、本来なら「狂犬病予防法《きょうけんびょうよぼうほう》」に基《もと》づき、捕獲《ほかく》・収容《しゅうよう》され、このセンターの管理棟《とう》にある殺処分室《さっしょぶん》で、二酸化炭素《にさんかたんそ》ガスによって窒息死《ちっそくし》させられる運命にある。

「人間の安全を守るために、飼《か》い主《ぬし》のいない犬は捕獲《ほかく》・処分《しょぶん》する」というのがその理由で、その多くは野犬《やけん》だ。しかし、純子《じゅんこ》はこれを「仕方がない」と済《す》まされる問題ではないと思っていた。

そもそも野犬《やけん》は、人間に捨《す》てられた犬が繁殖《はんしょく》をくり返した結果、生まれた犬たちだ。人間がつくったといっても過言《かごん》ではない。

人間が放棄《ほうき》した命の責任《せきにん》を、犬自身が「殺処分《さっしょぶん》」という形で背負《せお》わされるのは、考えればおかしな話ではないだろうか。
愛護《あいご》センターの職員《しょくいん》たちも、そのことは十分承知《しょうち》している。わかってはいても、人間が責《せき》任《にん》を持てる以上の命が野犬《やけん》という形でつくり出され、それが人間社会に危害《きがい》を及《およ》ぼす恐《おそ》れがあるのなら、行政《ぎょうせい》としては野犬《やけん》の問題に対処《たいしょ》しなければならなかった。

とくに広島県《ひろしまけん》は日本でも野犬《やけん》の捕獲《ほかく》・収容《しゅうよう》数が非常《ひじょう》に多い地域《ちいき》で、２０１１年には犬・ねこ計８３４０頭（うち犬は２３４２頭）を処分《しょぶん》し、殺処分《さっしょぶん》数で全国ワーストを記録していた。

ところが２０１６年８月以降《いこう》＊、広島県《ひろしまけん》動物愛護《あいご》センターの殺処分《さっしょぶん》機は完全に停止。その後、一度たりとも稼働《かどう》していない。それは、この処分《しょぶん》機の中で命を絶《た》たれる犬やねこが１頭もいなくなったことを意味していた。人間社会が放棄《ほうき》した命の責任《せきにん》を、殺処分《さっしょぶん》という形で犬やねこが背負《せお》わされるのではなく、同じ人間が取るべきと考える人たちが現《あらわ》れたからだ。

「このセンターで殺処分《さっしょぶん》される犬は、私たちがすべて引き取る――」

大西純子《おおにしじゅんこ》が率《ひき》いる「ピースワンコ・ジャパン」は、そう宣言《せんげん》した。

＊犬は２０１６年４月からピースワンコ・ジャパンが、ねこは同年８月から県内の他の動物保護団体《どうぶつほごだんたい》が、殺処分《さっしょぶん》対象犬・ねこの全頭引き取りを始めた。

ピースワンコは飼《か》い主《ぬし》に捨《す》てられたり、野犬《やけん》として行き場がなくなったりした犬を引き取って、新しい飼《か》い主探《ぬしさが》しをする犬の保護《ほご》活動をおこなっている。

2012年に神石高原町《じんせきこうげんちょう》内で活動を開始して以来、5年間で2800頭以上の犬を保護《ほご》し、約630頭の犬を新しい飼《か》い主《ぬし》のもとに送り出している。

そのピースワンコが「広島《ひろしま》の犬の殺処分《さっしょぶん》ゼロをめざす1000日計画」に取り組み始め、多くの犬を保護《ほご》できる体制《たいせい》が整った2016年4月から、広島県《ひろしまけん》内で殺処分《さっしょぶん》対象となったすべての犬を引き取ることにしたため、愛護《あいご》センターで殺処分《さっしょぶん》をおこなう必要がなくなったのである。

広島県《ひろしまけん》動物愛護《あいご》センターからのピースワンコの犬の引き取りは毎週火曜日で、殺処分《さっしょぶん》日（水曜日）の前日だ。つまり、この犬たちは新しい飼《か》い主《ぬし》や、他の保護団体《ほごだんたい》に引き取られることなく、水曜日の朝までセンターに残っていれば、追《お》い込《こ》み機*によって自らの足で処分《しょぶん》機に入り、二酸化炭素《にさんかたんそ》ガスに苦しみながら死んでいく運命にあった。

この犬たちの運命を変えることができるのは人間しかいない。犬たちに罪《つみ》はない。純子《じゅんこ》は、

*追《お》い込《こ》み機：ステンレスでできている板。この板を移動させて犬たちを追《お》い込《こ》み、殺処分《さっしょぶん》機の中に誘導《ゆうどう》する。

広島県《ひろしまけん》動物愛護《あいご》センターの犬収容《しゅうよう》室。最後まで引き取られることがなく残された保護《ほご》犬たち

すべての犬の運命を「闇《やみ》」ではなく「光」の中へ導《みちび》こうと決意したのである——。

愛護《あいご》センターから最初のメールを受け取った4日後、火曜の朝になっても、ピースワンコが引き取る犬の数は変わらなかった。

午後になると、純子《じゅんこ》は自家用車に乗《の》り込《こ》み、自らハンドルを握《にぎ》って愛護《あいご》センターへと急いだ。ピースワンコがある神石高原町《じんせきこうげんちょう》から愛護《あいご》センターのある三原市《みはらし》までは、車で片道《かたみち》1時間45分。距離《きょり》にして70キロは、東京駅《とうきょうえき》から富士山《ふじさん》の麓《ふもと》くらいまである。

昨日も寝《ね》たのは深夜で、時計は午前2時を回っていた。多少の疲《つか》れはあったが、生き物相手の仕事に休みはない。

途中《とちゅう》、コンビニに寄《よ》り、運転をしながらおにぎりをかじった。その間も純子《じゅんこ》のスマートフォンはなりっぱなしだ。あわてておにぎりをお茶で胃袋《いぶくろ》に流《なが》し込《こ》むと、ハンズフリー（運転に支障《ししょう》がないよう電話で会話ができるイヤホンとマイク）でスタッフと仕事の打ち合わせをする。寝不足《ねぶそく》なのに眠気《ねむけ》に襲《おそ》われないのは、この忙《いそが》しさのせいでもあった。

ケージの中で震《ふる》える捕獲《ほかく》された子犬

何人かと電話で話していると、愛護《あいご》センターまでの70キロの距離《きょり》はあっという間だった。

純子《じゅんこ》が、動物愛護《あいご》センターの駐車《ちゅうしゃ》場から収容《しゅうよう》犬たちがいる管理棟《とう》に向かうと、ピースワンコのロゴマークをつけた大きなハイエースが2台、管理棟《とう》の前に止まっていた。

管理棟《とう》の扉《とびら》から中をのぞくと、すでにピースワンコの引き取り担当《たんとう》である安倍《あべ》誠《まこと》が、作業を始めているのが見えた。

純子《じゅんこ》は持参したタイベック（感染症《かんせんしょう》防止《ぼうし》用《よう》の防護《ぼうご》服）と長靴《ながぐつ》を衣服の上からすばやく身に着け、管理棟《とう》入り口に置かれたビルコン

（液体《えきたい》の消毒薬《しょうどくやく》）が入ったプラスチック製《せい》の箱に長靴《ながぐつ》を浸《ひた》し、中に入った。

犬収容《しゅうよう》室の前にケージが見えた。中には震《ふる》えている子犬たちの姿《すがた》がある。捕獲《ほかく》された野犬《やけん》の子たちだ。

そのケージの上には、リトマス試験紙のような、白くて細長いプラスチック製《せい》の棒《ぼう》が置かれていた。これは、犬の引き取りの前に必ずおこなう感染症《かんせんしょう》の簡易検査《かんいけんさ》キットで、ジステンパー*とパルボウイルス**に感染《かんせん》していないかどうかが確認《かくにん》できるものだ。

純子《じゅんこ》が到着《とうちゃく》すると、安倍《あべ》と愛護《あいご》センターの職員《しょくいん》たちによって、チェックがすでに開始されていた。

「こっちの子は陰性《いんせい》！　こっちも陰性《いんせい》……」

便を採取《さいしゅ》してキットに添付《てんぷ》し、チェッカーシートに何も色が出ていなければ陰性《いんせい》。赤い線が

*ジステンパー：ウイルス性伝染病《せいでんせんびょう》で、直接、間接の接触《せっしょく》によって感染《かんせん》する。潜伏期《せんぷくき》は1～2週間で、初め40℃以上の高熱を発し、すぐ下がるが、一両日《いちりょうじつ》以内に再度《さいど》高熱を発するのが特徴《とくちょう》。とくに子犬がかかることが多い。

**パルボ：ウイルス性伝染病《せいでんせんびょう》。感染《かんせん》動物の便、尿《にょう》などといっしょに外界《がいかい》に排出《はいしゅつ》されたウイルスによって感染《かんせん》する非常《ひじょう》に感染《かんせん》力の高いウイルス。激しいおう吐《と》や下痢《げり》を起こし、ひどい場合は死に至《いた》る。体力や免疫《めんえき》力の弱い子犬や老犬がかかることが多い。

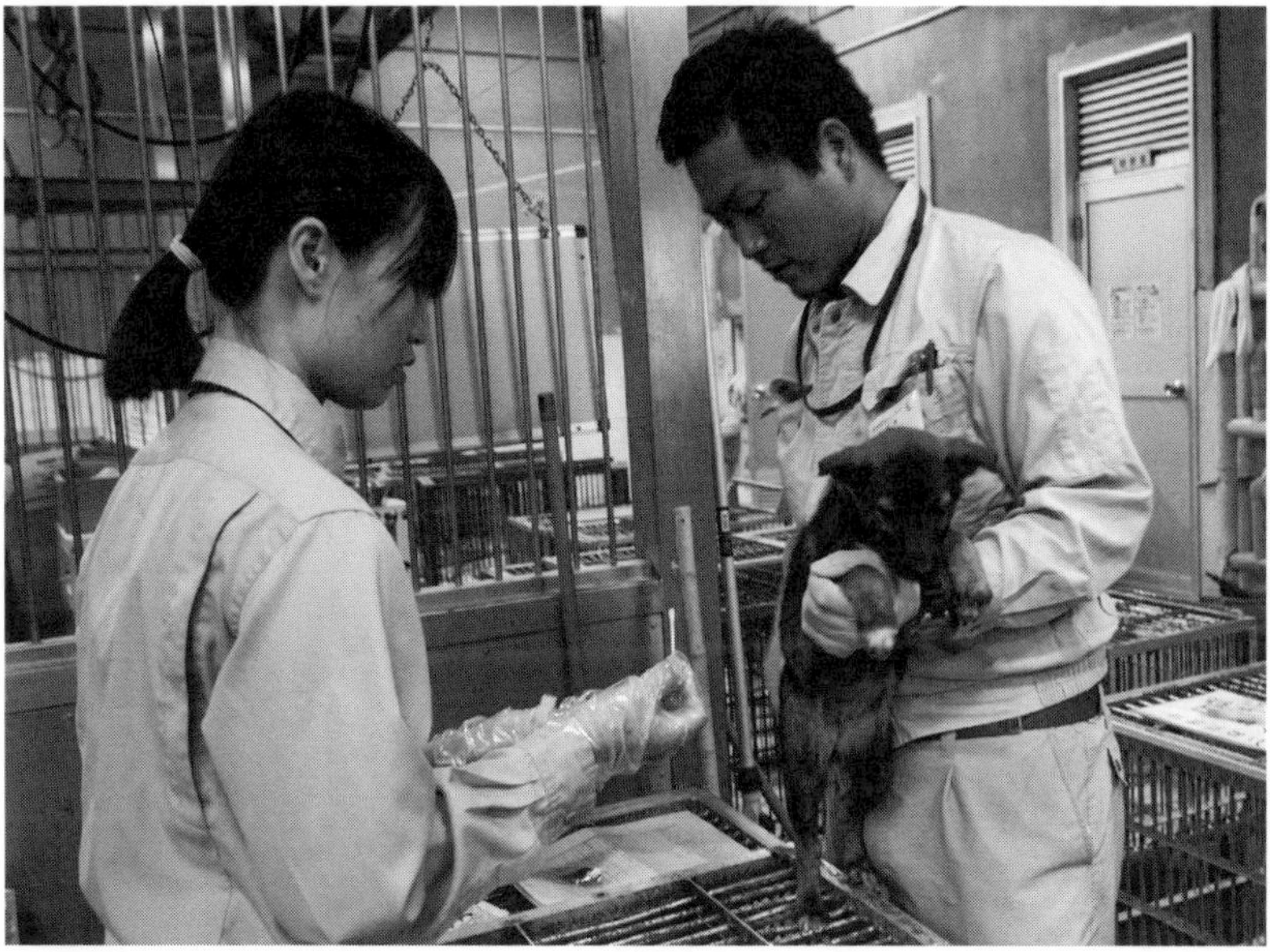

簡易検査《かんいけんさ》キットで感染症《かんせんしょう》のチェックをする愛護《あいご》センター職員

タイベック（感染症防止《かんせんしょうぼうし》用の防護《ぼうご》服）
を着てチェックをする大西純子《おおにしじゅんこ》さん

2本出れば陽性《ようせい》だ。

純子《じゅんこ》も見ながら1頭分ずつ、しっかりと結果を口に出しながら確認《かくにん》した。

この2つのウイルスは感染《かんせん》力が非常《ひじょう》に強く、陽性《ようせい》なら隔離《かくり》しなければならない。感染《かんせん》すると死に至《いた》る可能性《かのうせい》も高く、蔓延《まんえん》すると非常《ひじょう》に恐《おそ》ろしいウイルスだった。

純子《じゅんこ》がチェッカーシートを確認《かくにん》している間に、安倍《あべ》は犬収容《しゅうよう》室の中に持参したケージを持《も》ち込《こ》み、チェックが終わった成犬《せいけん》たちをケージの中に誘導《ゆうどう》し始めた。

これらのケージに犬を移動《いどう》させ、そのまま車に積んで、神石高原町《じんせきこうげんちょう》のピースワンコのシェルターまで連れていく。

収容《しゅうよう》室の一番奥《いちばんおく》に塊《かたまり》になっている犬たちは、安倍《あべ》から目を背《そむ》けた姿勢《しせい》で震《ふる》え続《つづ》けていたが、安倍《あべ》の動作はじつに手慣《てな》れたものだった。

「怖《こわ》がらなくていいぞ。さあ、これからいっしょに帰ろうな」

安倍《あべ》はケージを犬たちの前にそーっと静かに置くと、決してむり強《じ》いをすることなく、ゆっくり、声をかけながら誘導《ゆうどう》していく。犬が及《およ》び腰《ごし》ながら、おどおどとケージに入っていった。

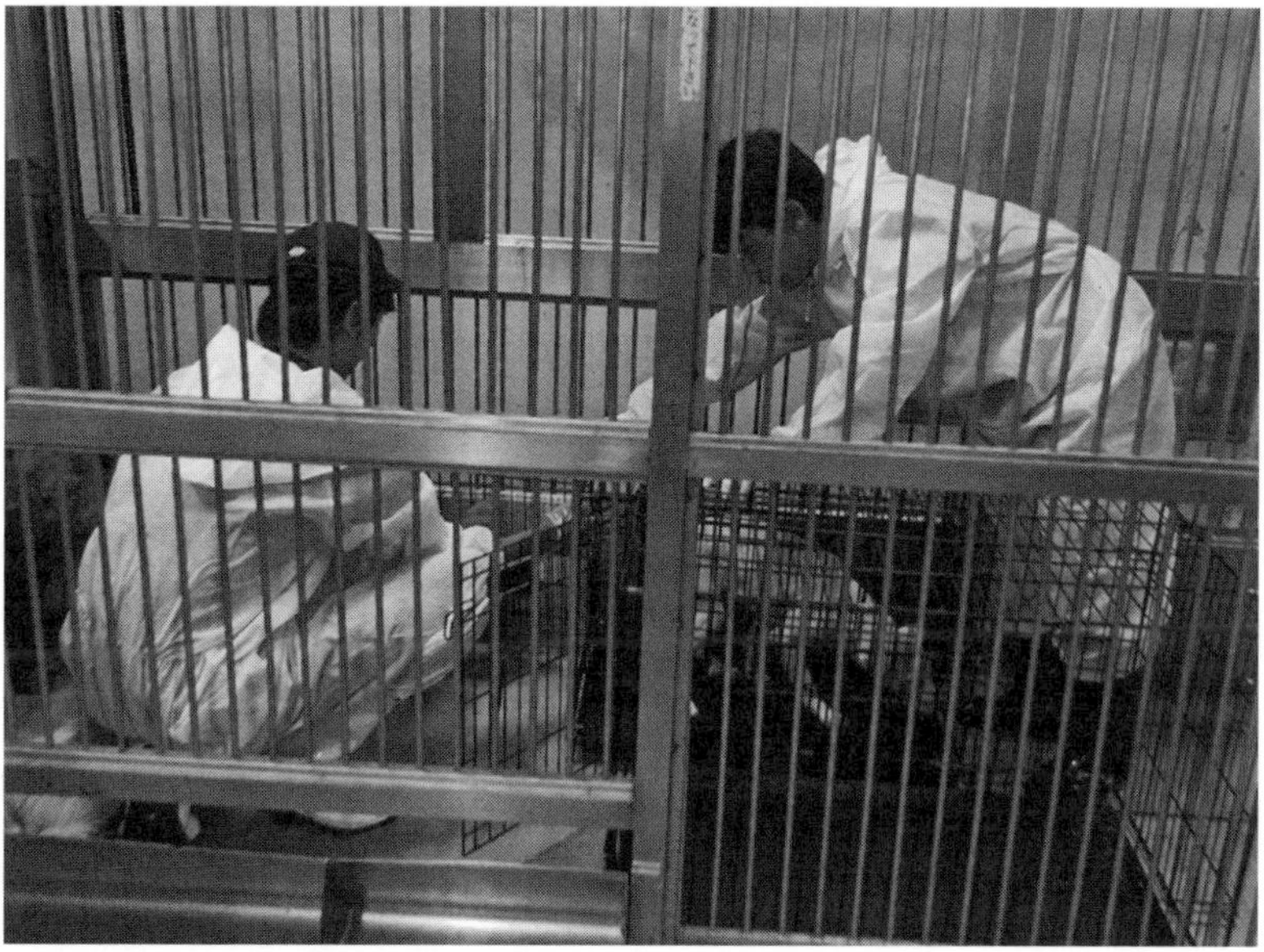

犬をケージに１頭ずつ慎重《しんちょう》に移《うつ》していく

1頭、2頭、3頭……。

これまでに、何度、かまれたことだろう。だが、かまれたことで安倍《あべ》は犬を憎《にく》いと思ったことは一度もない。かむ原因《げんいん》をつくったのは自分たち人間だ。犬は怖《こわ》いからかむ。いやなことをするからかむのである。

経験《けいけん》を積んでいくうちに、犬の様子を見ながら個々《ここ》のペースに合わせ、誘導《ゆうどう》できるようになると、引き取りの時に犬にかまれることはほとんどなくなった。

だが、油断禁物《ゆだんきんもつ》。安倍《あべ》は神経《しんけい》を集中させて、ゆっくりと最後の1頭をケージに促《うなが》した。

最後の犬が入り、安倍《あべ》が扉《とびら》を閉《し》めたその

時、子犬のケージの近くにいた純子《じゅんこ》が「あれ？」と声を上げた。

センターの職員《しょくいん》が「どうされました？」と純子《じゅんこ》を見た。

「この鼻の黒い子犬……、まだチェック終わってないみたい」

よく見ると、簡易《かんい》キットのチェッカーはまだ使用されていない。

純子《じゅんこ》は、すぐに子犬を抱《だ》き上げ、検査《けんさ》のため便を採取《さいしゅ》した。

キャンキャンキャン！　怖《こわ》いのか、子犬独特《どくとく》の悲鳴が愛護《あいご》センターに響《ひび》く。

「大丈夫《だいじょうぶ》だよ。怖《こわ》くないから！　すぐ終わるよ」

純子《じゅんこ》は言ったが、子犬は鳴き続けている。

子犬の大げさな鳴き声を聞いて、みんなが笑った。

その様子を近くで見ていたセンター課長の顔からも、思わず笑みが漏《も》れた。

思えば、以前ならここにいる犬たちは、みな二酸化炭素《にさんかたんそ》ガス室に追《お》い込《こ》まれ、殺される運命だった。その業務《ぎょうむ》を担《にな》う職員《しょくいん》たちがこの管理棟《とう》の中で笑顔になることなど、今までは考えられなかったのである。

センター課長も職員《しょくいん》数名も、獣医師《じゅういし》の免許《めんきょ》を持っている。

動物が好きで獣医師《じゅういし》になった人間が、「殺処分《さっしょぶん》」業務《ぎょうむ》をただの仕事だと割《わ》り切《き》れるものではない。犬やねこの「命を絶《た》つ」ことに達成感などあるわけがなかった。仕事への満足感もなかった。出るのは「ため息」、残るのは「虚《むな》しさ」だけだ。

しかし、今はどうだ――。

愛護《あいご》センター職員《しょくいん》たちは、収容《しゅうよう》された犬・ねこたちの健康状態《じょうたい》を懸命《けんめい》にチェックし、保護《ほご》団体《だんたい》が引き取りに来るまでの間、命をつなぐことに懸命《けんめい》になっている。

自分たちの業務《ぎょうむ》に本当の意味を見いだし、精一杯《せいいっぱい》、犬やねこのケアに当たっている。

その毎日は、今までとは違《ちが》った格別《かくべつ》な何かを、職員《しょくいん》たちにもたらしていた。

だれかの命を護《まも》り、救うことは、自分の幸せを守り、自分の心を救うことでもあるのだ。

現在《げんざい》、ピースワンコのように、広島県《ひろしまけん》動物愛護《あいご》センターに登録している保護団体《ほごだんたい》は個人《こじん》も含め23（うちねこは2団体《だんたい》）ある。どの団体《だんたい》も命をつなぐために、殺処分《さっしょぶん》される犬・ねこの引き取りに懸命《けんめい》に努力しているが、毎日のように収容《しゅうよう》されるすべての命を救うことは、到底不可《とうていふか》能《のう》だった。

その不可能《ふかのう》を可能《かのう》にしたのがピースワンコで、保護体制《ほごたいせい》が整った2016年4月から、県内の殺処分《さっしょぶん》対象のすべての犬を引き取っている。

ただこれは、動物愛護《あいご》センターに収容《しゅうよう》されたすべての犬の数というわけではない。愛護《あいご》センターでは「愛護業務《あいごぎょうむ》」の一環《いっかん》として、飼《か》い主《ぬし》を募集《ぼしゅう》する譲渡《じょうと》会をおこなっているため、収容《しゅうよう》された犬の一部はセンターの譲渡《じょうと》犬となって殺処分《さっしょぶん》対象からはずされる。次にピースワンコ以外の登録保護団体《ほごだんたい》が犬を引き取りに来る。しかし、各団体《だんたい》が保護《ほご》できる犬の数には限《かぎ》りがあるため、殺処分《さっしょぶん》対象の犬はゼロにはならず、必ず「余《あま》り」が出る。ここでピースワンコの出番である。ピースワンコが引き取るのは、他の団体《だんたい》が持ち帰った後に残った（余《あま》った）すべての犬だ。つまり、他の団体《だんたい》がたくさんの犬を引き取った後であれば、数は少ないし、そうでなければ頭数は多くなる。その数がどれくらいになるのか、ピースワンコには愛護《あいご》センターから毎週メールで連絡《れんらく》が来るようになっていた。

ピースワンコが引き取る犬の数は、決して少なくない。

背中の傷《きず》の状態《じょうたい》を心配そうに確認《かくにん》する大西純《おおにしじゅん》子《こ》さん

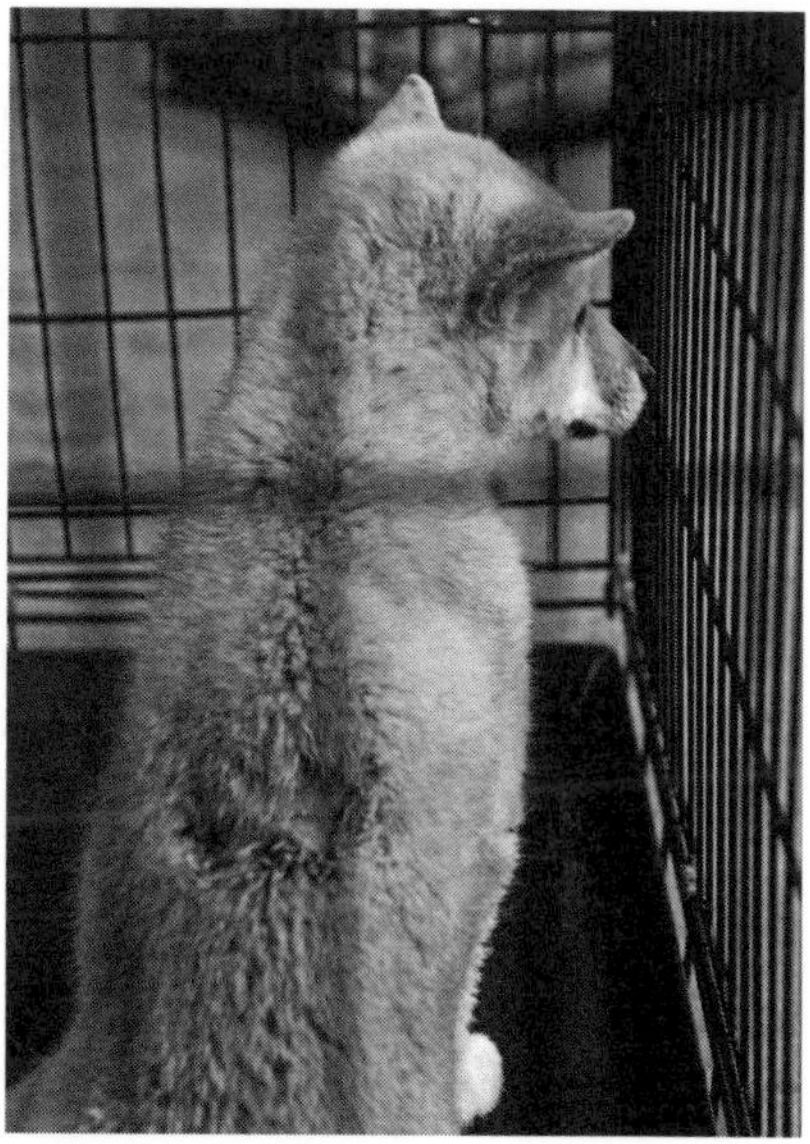

野犬《やけん》が多いため傷《きず》を負《お》った犬も少なくない

殺処分《さっしょぶん》機が稼働《かどう》しなくなったここ1年で、ピースワンコが愛護《あいご》センターから引き取る犬の数は、毎月100頭前後、時に200頭を超《こ》えることもあった。

問題は、数だけではない。

広島県《ひろしまけん》の愛護《あいご》センターの収容《しゅうよう》犬の事情《じじょう》は、首都圏《けん》とはまったく異《こと》なる。首都圏《けん》の愛護《あいご》センターに収容《しゅうよう》されるのは、そのほとんどが、人間に飼《か》われていたペットだ。しかし、ここに入ってくる犬の多くは、人目を避《さ》けるように生きてきた野犬《やけん》たちで、人間に大きな警戒《けいかい》心を抱《いだ》いている。そのため、人慣《ひとな》れがまったくできておらず、簡単《かんたん》に譲渡《じょうと》できる犬はほとんどいない。

センター課長も「すべての犬を引き受ける」と純子《じゅんこ》から聞いた時、本当にそんなことができるのか、と信じがたい思いだった。

殺処分《さっしょぶん》すれば、10頭だろうが100頭だろうが、一瞬《いっしゅん》で終わる。

だが、命を救うとなればそうはいかない。命は、救えばそれで終わりではない。救われたその時点がスタートなのだ。そして、子犬ならその命は平均《へいきん》15年ある。

命ある限《かぎ》り、その命の幸せを人間が保障《ほしょう》しなければならない。ここから出ていく犬たちすべての命を保障《ほしょう》できるのか、疑問《ぎもん》に思ったこともあった。

しかし、1年が過《す》ぎた今も、ピースワンコはそれを貫《つらぬ》き続《つづ》けている。

何より、犬たちが殺処分《さっしょぶん》されることがなくなったおかげで、センターの管理棟《とう》は、殺処分施《さっしょぶんし》設《せつ》ではなく、犬たちの一時保護《ほご》施設《しせつ》だと職員《しょくいん》が思えるようになったのではないか。

その命を救うため、使命感と誇《ほこ》りを持って業務《ぎょうむ》に当たれるのではないか。

そう思うと、ピースワンコが打ち出した「殺処分《さっしょぶん》ゼロ」は、犬の命だけではなく、職員《しょくいん》の心も救っているということになる。

職員《しょくいん》たちが、だれに何を言われるまでもなく、ピースワンコに「協力したい」と思うのは自然の成り行きで、犬の幸せを願うものとしては当然のことだった。

作業を見ながら、そんなことをセンター課長が考えていると、純子《じゅんこ》が「今日はみんな陰性《いんせい》！　よかった」と手を叩《たた》いた。消毒液《えき》のにおいが漂《ただよ》う管理棟《とう》に、子犬たちの「キャイン！　キャイン！」という声が騒《さわ》がしく続いている。

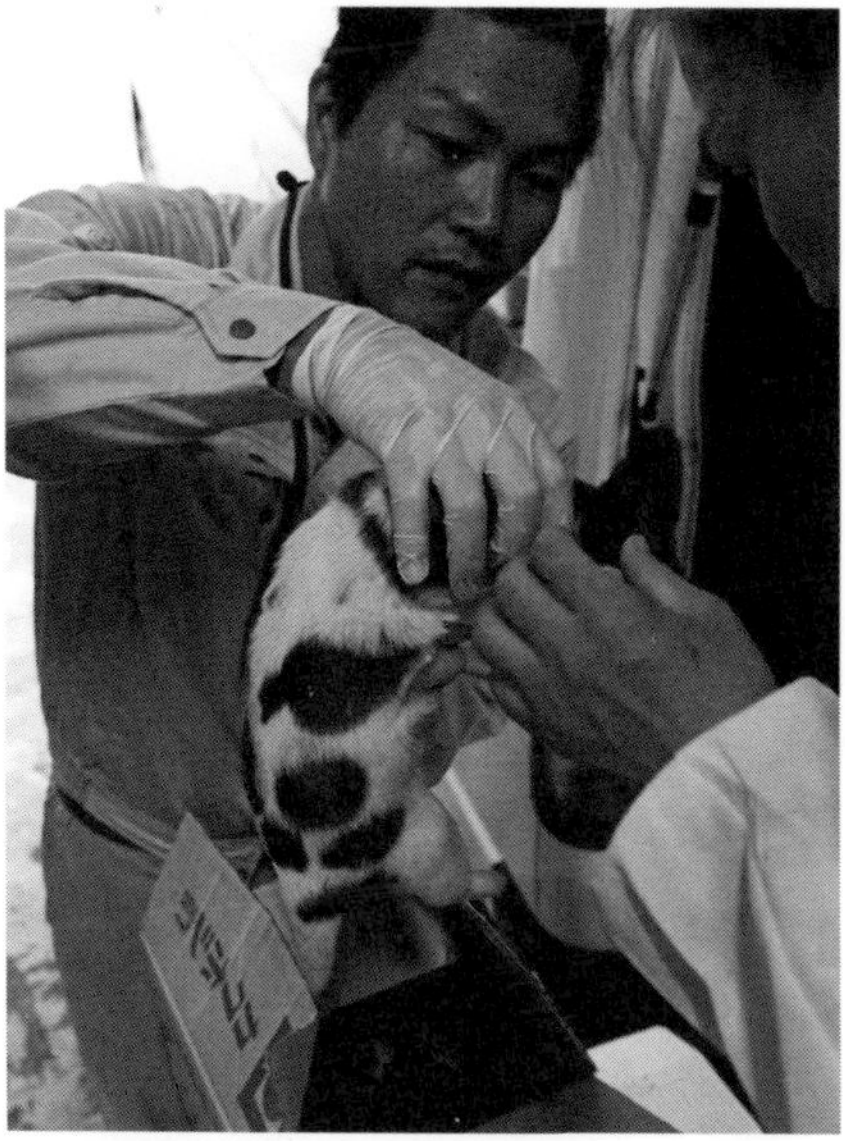
子犬を慎重《しんちょう》に抱き上げる愛護《あいご》センター職員《しょくいん》

殺処分《さっしょぶん》がおこなわれてきた管理棟《とう》で、犬たちの鳴き声は、今までなら「絶望《ぜつぼう》」と「恐怖《きょうふ》」の悲痛《ひつう》な叫《さけ》びとしか職員《しょくいん》たちには聞こえなかった。
その同じ鳴き声さえ、今では軽やかに聞こえる。それは、そこに「希望」があるからだった。その希望はこれからピースワンコが、時間、金、労力、そして犬たちへの思いをかけて、つなぐこととなる。

引き取り作業は2時間ほどで終了《しゅうりょう》し、収容《しゅうよう》室の犬たちはすべてケージに移《うつ》されて、収容《しゅうよう》室は空になっていた。

あとは犬たちを入れたケージを、ピースワンコの車に載《の》せるだけだった。

安倍《あべ》はスタッフといっしょに、ケージを次々と車に載《の》せていった。ケージを移動《いどう》させた瞬《しゅん》間《かん》、犬は脱糞《だっぷん》し、ケージに糞尿《ふんにょう》をまき散らした。

人目を避《さ》けるように生きてきた野犬《やけん》たちだ。これから自分たちの運命に何が降《ふ》りかかるのか、恐怖《きょうふ》の絶頂《ぜっちょう》にいるのだろう。

しかし、これは毎度のこと。人に対していい印象をまったく持っていない野犬《やけん》なのだから、今はどうしようもない。

これからは、幸せが待っているよ——。

安倍《あべ》は、心の中で犬たちにそうつぶやくと、糞尿《ふんにょう》などまるで気にしないかのようにケージ

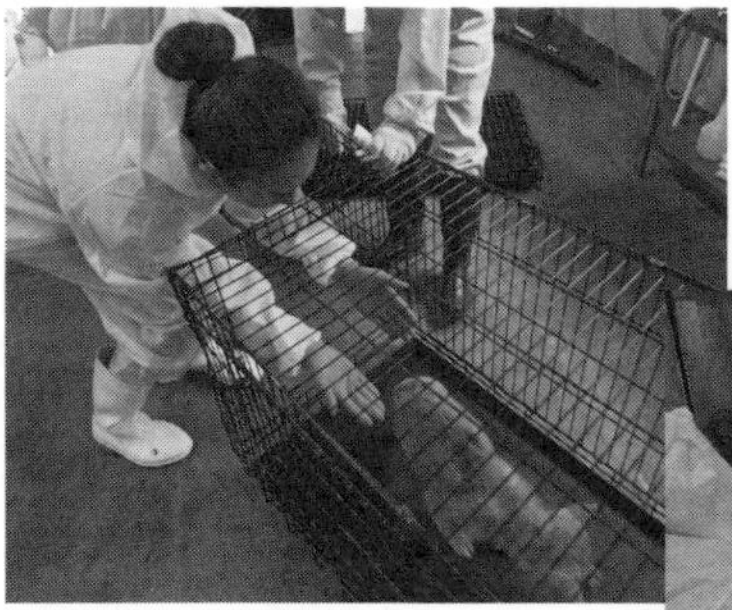

犬をケージへ誘導《ゆうどう》

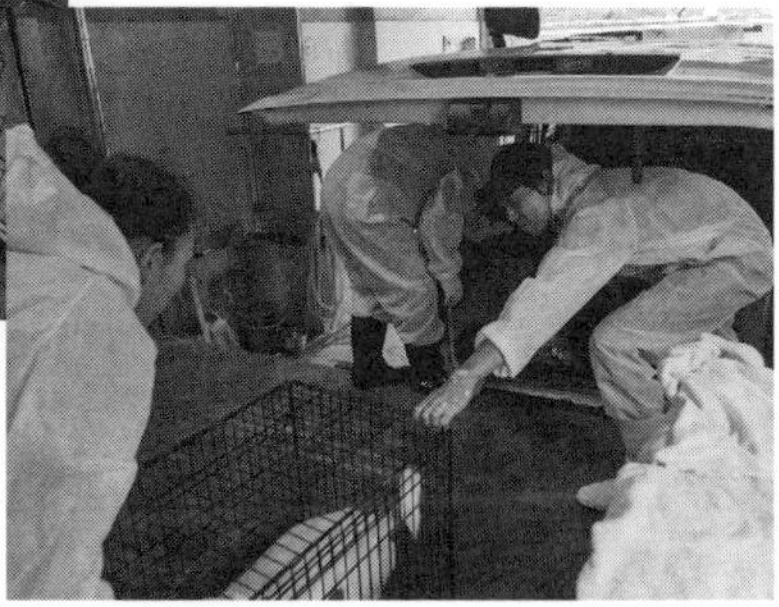

ケージをピースワンコの車へ

これから何が起こるのか不安で不安で仕方ない様子

を手際《てぎわ》よく積み、再《ふたた》び70キロの道のりを急いで帰っていった。

その姿《すがた》を見届《みとど》けた純子《じゅんこ》も自分の車に乗《の》り込《こ》み、後へと続く。

すべての犬がいなくなった管理棟《とう》は妙《みょう》にがらんとして、冷えた空気とセンター職員《しょくいん》たちのほっとしたため息に包まれた――。

2　救われた命の始まり

犬たちを乗せたハイエースがピースワンコのある神石高原町《じんせきこうげんちょう》の第2シェルターに到着《とうちゃく》したのは、午後5時を少し回ったころだった。

助かった命は、ここからが本当の始まりだ――。

第2シェルターで、犬たちの到着《とうちゃく》を待っていた獣医師《じゅういし》やスタッフにとって、この火曜日がもっとも忙《いそが》しい日となる。

今週もまた、安倍《あべ》らが連れ帰った19頭の犬たちが、ニューフェイスとして、ピースワンコのシェルターに加わるのだ。

2017年6月時点で、ピースワンコには約1300頭の犬がシェルターに保護《ほご》されていた。

ピースワンコのシェルターは第1、第2、第3、第4と4つに分けられ、犬たちの状態《じょうたい》によって保護《ほご》する場所を変えられるよう、システム化されていた。

愛護《あいご》センターから来たすべての犬がまず入るのが第2シェルターで、ここは検疫《けんえき》を兼《か》ね、獣医師《じゅういし》たちが犬の診察《しんさつ》（視診《ししん》、触診《しょくしん》など健康診断《けんこうしんだん》）をおこなう保護施設《ほごしせつ》の最初の関門となる。

どんなに忙《いそが》しくても、犬の数が多くても、診察《しんさつ》は1頭ずつていねいにおこなうのが基本《きほん》だ。

頭からしっぽの先までけがをしているところはないか、皮膚《ひふ》の状態《じょうたい》、栄養状態《えいようじょうたい》はどうか、歯を見て、おおよその年齢《ねんれい》の推定《すいてい》もおこなう。

また、愛護《あいご》センターでおこなったジステンパーやパルボウイルスのダブルチェックも忘《わす》れない。感染症《かんせんしょう》がこの門を潜《くぐ》り抜《ぬ》け、他のシェルターに持《も》ち込《こ》まれたら、たちまちアウトだからだ。

まだまだある。血液検査《けつえきけんさ》をして、もし蚊《か》が媒介《ばいかい》する病気のフィラリア症《しょう》が陽性《ようせい》なら治療《ちりょう》をしなければならないし、陰性《いんせい》でもピースワンコでは通年で予防薬《よぼうやく》を飲ませている。最後にパルボウイルスやジステンパーウイルスなど、数種類のウイルス感染予防《かんせんよぼう》のための混合《こんごう》ワクチンの

ピースワンコに到着《とうちゃく》

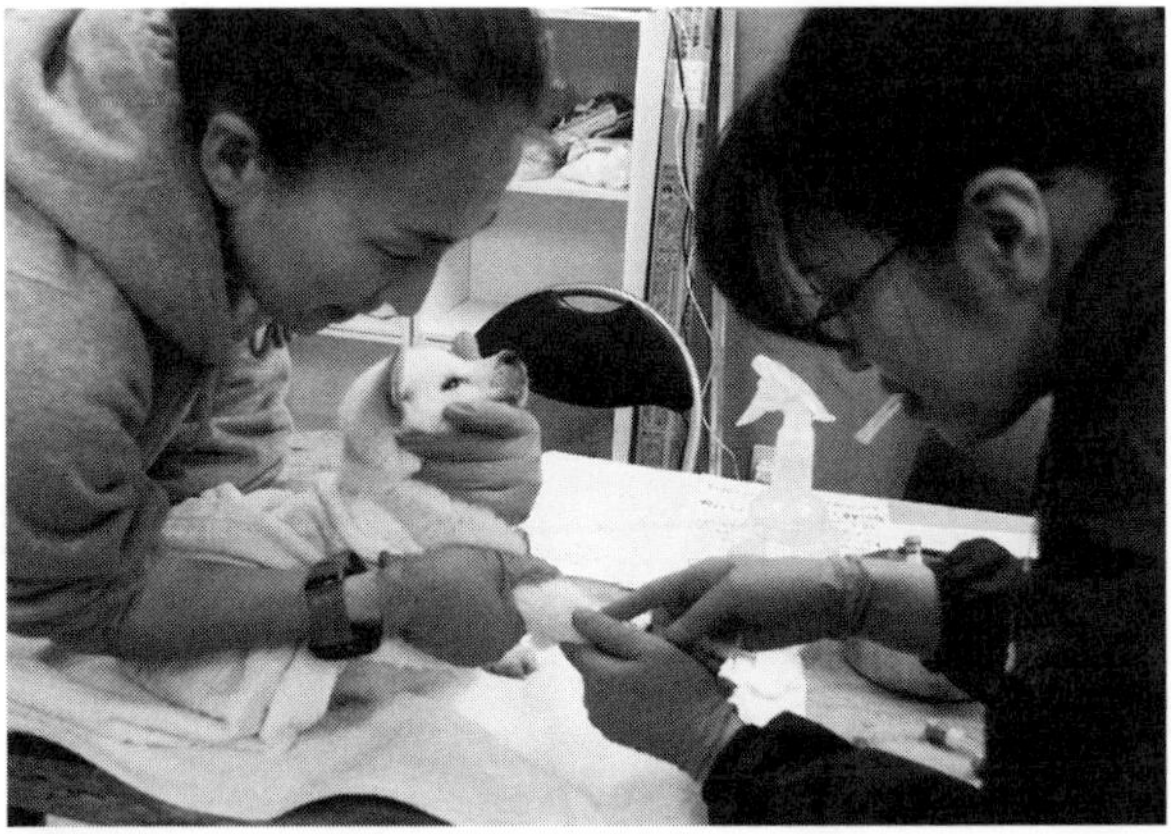

犬の健康《けんこう》チェックをする
アルシャー京《きょう》子《こ》さん(右)

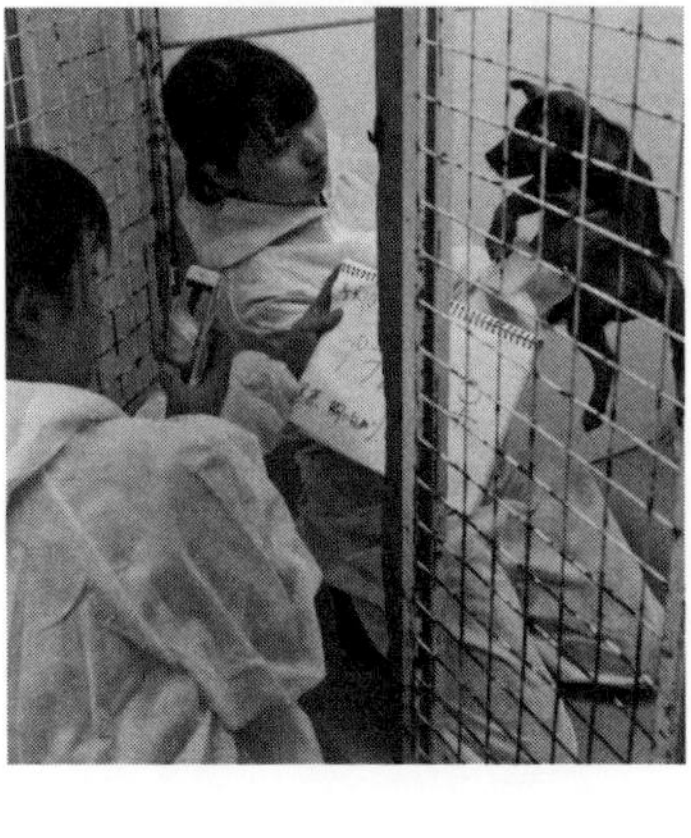

カルテ作成のための写真撮影《さつえい》

接種《せっしゅ》。

犬を飼《か》っている人ならだれでも知っていることだが、フィラリア予防薬《よぼうやく》投与《とうよ》やワクチン接種《せっしゅ》などは、犬が生きている限《かぎ》りずっと毎年続けなければならない。

犬を飼《か》うことは、かなりお金がかかるのだ。

ピースワンコの犬たちにかかる医療費《いりょうひ》は、1年間で約3700万円（2016年度）。家が1軒購入《けんこうにゅう》できるほどの金額《きんがく》である。それらのお金の多くは「犬の殺処分《さつしょぶん》ゼロ」への希望をピースワンコに託《たく》した人たちの寄付《きふ》で賄《まかな》われていた。


犬の診察《しんさつ》が終わり、写真を撮影《さつえい》すると、カルテが作成され、犬たちには名前がつけられる。この命名作業もまた大変だ。のべ2800頭も犬を保護《ほご》していると、たちまちアイデアが底をつき、同じ名前が重なってしまう。

そうならないよう、スタッフたちは名前を真剣《しんけん》に考えるが、案は出尽《でつ》くしてすぐには思《おも》い浮《う》かばない。

「うーん……こうなったら、タワシなんてどうかな？」

行《い》き詰《づ》まった末に、若《わか》いスタッフが考え出した名前だが、その場にいたドイツの獣医師《じゅういし》、アルシャー京子《きょうこ》が「ダメ！」と却下《きゃっか》した。

「いい加減《かげん》な名前のつけ方をすると、お世話もいい加減《かげん》になるよ。ちゃんといい名前を考えてあげなきゃ！」

言われて、若《わか》いスタッフは「うーん」と頭をひねった。

気がつくと、忙《いそが》しいはずなのに、スタッフがみんな集まって名前を考えている。

「じゃあ、今回は、洗剤《せんざい》シリーズでいくか！」

だれかが言った。

今までにも「りんご」「ばなな」などの果物シリーズや、「トマト」「レタス」などの野菜シリーズなど、命名シリーズはたくさんあったが、洗剤《せんざい》シリーズとはいったいどんな名前になるのか――。

京子《きょうこ》は、目をまんまるにしてスタッフたちを見回した。

「まずは女の子なら……アリエール！　エマール！　とか」

「あ、それ、けっこうかわいい！」

「よし、決まりぃ！」

「男の子ならボールドか、アクロン！　ラボン、パネス……」

そんなに洗剤《せんざい》があるのか――。

次々と洗剤《せんざい》の名前が出てくるのには、京子《きょうこ》もあっけにとられた。

若《わか》いスタッフたちの元気な声に、京子《きょうこ》の疲《つか》れは少し癒《い》やされるような気がした。


近くでは、愛護《あいご》センターに犬の引き取りに行った安倍誠《あべまこと》が、獣医師《じゅういし》の診察《しんさつ》を待つため、1匹《ぴき》の子犬を抱《だ》いて、座《すわ》っていた。

センターに引き取りに行った時から、その子犬が気になっていたのだ。

子犬は両後ろ脚《あし》に大きなけがをしていた。

毛がすべて抜《ぬ》け落《お》ち、傷《きず》が化膿《かのう》してまっ赤にはれ上がっていた。

どんなに痛《いた》かったことだろう。どんなに辛《つら》かったことだろう。

しかし、子犬は鳴き声一つ立てず、じっと安倍《あべ》の腕《うで》に身をゆだねていた。

「いい子だなあ……。本当にいい子だ……」

こんな状態《じょうたい》で、ずっと我慢《がまん》していたのかと思うと、胸《むね》が締《し》めつけられた。

傷《きず》ついた子犬を心配そうに抱《だ》きかかえる安倍《あべ》誠《まこと》さん

　これから治療《ちりょう》を受ければ、傷《きず》はきっと回復《かいふく》する。辛《つら》いのは今だけだ。
「早く痛《いた》いのを治してもらって元気になって、たくさん遊ぼうな！」
　安倍《あべ》が言うと、子犬は安倍《あべ》の言葉がわかるかのように「キューン……」と小さく鳴いた。
　ピースワンコで4年目を迎《むか》えた安倍《あべ》は、現在《げんざい》ではベテランスタッフとして、愛護《あいご》センターからの犬の引き取りを担当《たんとう》していた。

引き取り日の火曜日以外は、第4シェルターのチーフとして、社会性《しゃかいせい》が足りない問題行動のある犬の世話や、基本《きほん》トレーニングを担《にな》っている。

朝は5時に起きてシェルターの犬たちの散歩、給餌《きゅうじ》、そしてトレーニングをおこなう。

ピースワンコでのトレーニングは、「おすわり」や「ふせ」を教えることではない。

それ以前のもっと基本的《きほんてき》なことで、「人を怖《こわ》がらない」「人が犬に触《さわ》ることができる」「首輪やリードをつけることができる」、そのうえで「散歩に連れ出せる」といったあたり前のことだ。

ここにやってくる9割《わり》以上は野犬《やけん》や野良犬《のらいぬ》だった。野犬《やけん》でも生まれて間もない子犬なら、すぐに慣《な》れてくれるが、成犬《せいけん》となるとそうはいかない。

ずっと野犬《やけん》として人から逃《に》げるように隠《かく》れて生きてきた犬たちが、人間に心を開くことは容易《ようい》ではないのだ。

それだけではない。以前、人間に飼《か》われていた犬には、野犬《やけん》とは違《ちが》った別の問題があった。

それらの犬は、人間としか暮《く》らしていないため、人慣《ひとな》れはしていても、犬同士の社会化がまったくできておらず、他の犬といっしょの犬舎《けんしゃ》に入れると、すぐにけんかをしてしまう。犬のかみ合いは大けがになることもあり、危険《きけん》だ。そういった犬は、すべて個室《こしつ》の第4シェルターに入ることになっていた。

第4シェルターには問題行動のある犬が集められているので、ベテランの安倍《あべ》でも世話の最中にかまれることが多かった。

普段《ふだん》はしっぽを振《ふ》って寄《よ》ってくるのに、なでようとするとかむ犬。

食事に対して異常《いじょう》に執着《しゅうちゃく》心が強く、食べ終わった皿を下げようとするとかむ犬。

人を見ると威嚇《いかく》して、とにかくまったく体にふれることすらできない犬。

そして——、野良《のら》生活が長く、絶対《ぜったい》に人間に心を開かない犬。

それらの犬に対し、安倍《あべ》は根気よくつき合う。

人間が怖《こわ》くてかむような犬には、そっとして様子を見て、構《かま》うことなく静かに給餌《きゅうじ》を続ける。やがて犬は、食事をくれる安倍《あべ》のことを「敵《てき》」ではなく「味方」だと思い始める。こうしてゆっくりと信頼《しんらい》関係を築《きず》き、犬が受け入れてくれるまで、じっくりと待つしか方法はない。ここでの犬のトレーニングは「技術《ぎじゅつ》」ではなく、世話をする人間の「根気」と「犬への愛情《あいじょう》」が結果を大きく左右した。

安倍《あべ》がここまで捨《す》てられた命に真摯《しんし》に向き合うようになったのには、それなりの理由があった。

北海道《ほっかいどう》で生まれ育ち、動物が大好きだった安倍《あべ》は、北海道勇払郡《ほっかいどうゆうふつぐん》にある追分《おいわけ》ファームで競走馬の育成や繁殖《はんしょく》をおこなうスタッフとして熱心に働いていた。

乗馬インストラクターの資格《しかく》も持つ安倍《あべ》は、馬と関わるごとに、馬という生き物に、どんどん魅了《みりょう》されていった。

馬の美しさ、賢明《けんめい》さ、健気《けなげ》さ、そして何より、人間の本質《ほんしつ》を見抜《みぬ》く洞察《どうさつ》力――。見ているだけで癒《い》やされる、そのしなやかに伸《の》びた四肢《しし》は、競走馬を見た人ならだれもが知るところだろう。しかし、馬に深く関わる仕事をしていた安倍《あべ》は、その光とはまったく反対の闇《やみ》の部分にも、目を向けなくてはならなかった。

引退《いんたい》した競走馬や、年老いた馬の殺処分《さっしょぶん》である。

競走馬の種馬《たねうま》として、余生《よせい》をのびのびと暮《く》らせる馬はほんの一部だ。

馬はその大きさから飼育《しいく》に経費《けいひ》がかかりすぎるため、多くの馬主は維持《いじ》することができず、手放さざるを得ない。その結果、最期は殺処分《さっしょぶん》となり、多くの馬は天寿《てんじゅ》を全《まっと》うできない。

経済優先《けいざいゆうせん》と考えれば仕方がないのかもしれない。しかし、それは人間のおごりにすぎないと安倍《あべ》は思った。必要な時だけ大切にかわいがり、人間の思う仕事ができなくなれば殺処分《さっしょぶん》する。命に対して、そんなことがあたり前のように許《ゆる》されていいのか。

人間に飼《か》われて、人間のために頑張《がんば》ってきた動物が、不要になったら処分《しょぶん》される——。この現実《げんじつ》を、どれだけの人が平気な顔をして受け止められるというのだろうか。

少なくとも、安倍《あべ》には納得《なっとく》がいかなかった。

しかし、そのころの安倍《あべ》に「馬の殺処分《さっしょぶん》NO」を訴《うった》えるだけの力はなかった。

動物愛護《あいご》センターでの犬やねこの殺処分《さっしょぶん》を知ったのは、そのころのことだ。

そこには、救える命を救おうと奮闘《ふんとう》する、多くの保護《ほご》ボランティアたちの姿《すがた》があった——。

今ではベテランスタッフの安倍誠《あべまこと》さん

人間の家族としてもっとも身近にいる犬やねこさえも、毎年これだけ多く殺処分《さっしょぶん》されている。

まずは犬やねこの問題を解決《かいけつ》したいという気持ちが、安倍《あべ》の中に湧《わ》き上《あ》がってきた。

その後、安倍《あべ》は牧場での仕事を辞《や》め、日本全国の動物愛護《あいご》センターを視察《しさつ》して、いくつもの犬・ねこ保護《ほご》団体《だんたい》を訪《たず》ねて回った。

こうして行き着いた先が、ピースワンコ・ジャパンだったのである。

安倍《あべ》を案内したのはプロジェクトリーダーの大西純子《おおにしじゅんこ》だった。

純子《じゅんこ》の案内で初めて見るその施設《しせつ》は、他

の団体《だんたい》の施設《しせつ》とは比《くら》べ物《もの》にならないほど広大で、手入れが行《ゆ》き届《とど》いていた。

ドイツの保護施設《ほごしせつ》をモデルにした木造《もくぞう》の犬舎《けんしゃ》は、すべて冷暖房《れいだんぼう》が完備《かんび》され、保護《ほご》されている犬1頭用の面積も畳一畳分《たたみいちじょうぶん》はある。相当な金額《きんがく》をかけて建てられたことは、一目でわかった。

動物福祉《ふくし》先進国であるドイツでは、原則《げんそく》として動物の殺処分《さっしょぶん》はおこなわず、飼《か》い主《ぬし》のいない犬は全国に約1000カ所ある「ティアハイム」という民間の動物のための施設《しせつ》に保護《ほご》されているという。

ピースワンコの敷地《しきち》には広大なドッグラン（犬をノーリードで遊ばせることができる犬専用《せんよう》の公園）もあり、保護《ほご》されている犬たちの状態《じょうたい》はすこぶるよかった。

「何か、特別な手入れをしているのですか」

安倍《あべ》が聞くと、純子《じゅんこ》は「うちの保護犬《ほごけん》はかなり上等なフードを食べています」と答えた。

「食事？　ですか」

「そうです。市販《しはん》なら1キロ1000円以上するフードです。さらに病気の子には、症状《しょうじょう》に合わせて療法《りょうほう》食を与《あた》えています。こちらもけっこうなお値段《ねだん》ですよ」

純子《じゅんこ》はニッといたずらっぽく笑い、安倍《あべ》を見て続けた。

「健康の基本《きほん》は人間も犬も同じ。質《しつ》のいい食事、運動、そしてストレスのない環境《かんきょう》です。いいフードを与《あた》えれば免疫《めんえき》力も上がり、毛づやもよく、病気になりにくい。病気になってから治《ち》療《りょう》にお金をかけるより、予防《よぼう》にお金をかけた方が、犬にとって幸せです」

たしかにその通りだ。何より病気になってしまっては、犬が苦しむ。

なるほどな、と安倍《あべ》は大きくうなずいた。これだけの環境《かんきょう》があれば運動も十分できるし、ストレスもない。そこに質《しつ》のいい食事が加われば、申し分ない。

「これだけの設備《せつび》費と、犬の世話にかかるお金は寄付《きふ》で?」

「はい。大半はみなさんのご寄付《きふ》で賄《まかな》っています。この子たちを救っているのは、私《わたし》たちだけではなく、ご寄付《きふ》くださるみなさんの善意《ぜんい》です。この子たちは、そういった人たちの思いも背負《せお》っています」

健康状態《じょうたい》がよく、問題行動がない犬には、すぐに新しい飼《か》い主《ぬし》を募集《ぼしゅう》するという。

純子《じゅんこ》はその後、施設《しせつ》を案内しながら、自分が描《えが》いているピースワンコの未来を安倍《あべ》に語り

ピースワンコ第１シェルター

手入れが行《ゆ》き届《とど》いた犬舎《けんしゃ》

ピースワンコの広大なドッグラン

始めた。

「まずは、この広島《ひろしま》から殺処分《さっしょぶん》ゼロを実現《じつげん》させます。そして、この子たちにすばらしい里親《さとおや》さんが見つかるよう、全国に保護犬《ほごけん》の譲渡《じょうと》センターをつくり、犬の譲渡《じょうと》ができる施設《しせつ》を増《ふ》やしていきたいと思っています」

純子《じゅんこ》の思いに安倍《あべ》はとても共感した。今まで雲がかかって見えなかった希望が見いだせた気持ちだった。ここでなら、自分の思いを成《な》し遂《と》げられるかもしれない――。

安倍《あべ》は、純子《じゅんこ》とともに犬の殺処分《さっしょぶん》ゼロに向けて、まい進しようと決心した。

その決心は、今も間違《まちが》っていなかったと思う――。

その後、ピースワンコは「広島《ひろしま》の犬の殺処分《さっしょぶん》ゼロをめざす1000日計画」に向けてシェルターを増《ふ》やし、多頭飼育《たとうしいく》に対応《たいおう》できるようシェルター運営《うんえい》をシステム化した。

その運営《うんえい》にアドバイスをくれたのが、ドイツのベルリンに在住《ざいじゅう》していた獣医師《じゅういし》のアルシャー京子《きょうこ》だった。京子《きょうこ》が案内してくれたドイツのシェルターのつくりは、動物のアニマル・ウェルフェア（動物たちが自然な行動ができ、快適《かいてき》に暮《く》らせる環境《かんきょう》を整えること）にのっとった、管理の利便性《りべんせい》と飼育《しいく》のしやすさを追求したシステムになっていた。

そして、ピースワンコの保護《ほご》シェルターがシステム化され、体制《たいせい》が整った2016年4月、広島県内《ひろしまけん》の「犬の殺処分《さっしょぶん》ゼロ」が実現《じつげん》したのだった。

ピースワンコ・ジャパンのシェルター運営《うんえい》の流れ

ピースワンコ

第2シェルター

獣医師《じゅういし》による診察《しんさつ》・検疫《けんえき》のため2週間ほどはこのシェルターに滞在《たいざい》

広島県《ひろしまけん》内の動物愛護《あいご》センター

県センターの他、広島市《ひろしまし》、福山市《ふくやまし》、呉市《くれし》のセンターで殺処分《さっしょぶん》対象となった犬の引き取り

ピースワンコ

第1シェルター

人に慣《な》れた譲渡《じょうと》対象の犬がいる施設《しせつ》。老犬や病気を抱《かか》えた犬が暮《く》らす犬舎《けんしゃ》もある

ピースワンコ

ティアハイム

第1シェルターと同じ敷地《しきち》内にある。ここにいる犬たちは、すぐに譲渡《じょうと》できる人慣《ひとな》れバッチリ、「お見合い待ち」の犬たち

ピースワンコ
第4シェルター

第3シェルターで、社会化ができておらず他の犬と上手に付き合えない犬や、「吠《ほ》える」「かむ」など問題行動のある犬はここで個別《こべつ》にトレーニングを受けて問題行動改善《かいぜん》に取り組む。全室個室《こしつ》が特徴《とくちょう》

ピースワンコ
第3シェルター

検疫《けんえき》期間が終わった犬で人《ひと》慣《な》れ・社会化が乏《とぼ》しい犬は基本的《きほんてき》なトレーニングをここで受ける

祝

里《さと》親《おや》さん決定

ピースワンコ
譲渡《じょうと》センター

○広島《ひろしま》・広島譲渡《ひろしまじょうと》センター
○広島《ひろしま》・福山譲渡《ふくやまじょうと》センター
○神奈川《かながわ》・湘南譲渡《しょうなんじょうと》センター
○東京《とうきょう》・世田谷譲渡《せたがやじょうと》センター

里親《さとおや》希望者が、気軽に保護《ほご》犬《けん》たちと接《せっ》することができる環境《かんきょう》。犬の譲渡《じょうと》を、よりスムーズにおこなうための施設《しせつ》

3　ピースワンコ・ジャパンに込《こ》めた願い

ピースワンコの「広島《ひろしま》の犬の殺処分《さっしょぶん》ゼロをめざす1000日計画」は、予定より2カ月早く準備《じゅんび》が整い、2016年4月に達成された。

4月1日を境《さかい》に、広島県内《ひろしまけん》の殺処分《さっしょぶん》対象の犬はすべてピースワンコが引き取るようになったため、ピースワンコの保護犬《ほごけん》たちは1年を過《す》ぎた時点で1200頭を超《こ》えた。

それでも、広島県内《ひろしまけん》の動物愛護《あいご》センターに収容《しゅうよう》される犬の数は減《へ》ることがなかった。

収容《しゅうよう》数が減《へ》らなければ、ピースワンコの引き取りの数も減《へ》らない。

今後も月100頭ペースで、ピースワンコが保護《ほご》する犬は増《ふ》えていくだろう。

ただ、これは純子《じゅんこ》にとっては想定内の出来事だった。

ピークはあと2、3年——。それを境《さかい》に「必ず収容頭数《しゅうようとうすう》は減《へ》っていく」と考えているからだ。

この意見に同感だと考えていたのは、ピースワンコ・ジャパンの顧問《こもん》を務《つと》める横山邦正《よこやまくにまさ》だった。横山《よこやま》は、神石高原町《じんせきこうげんちょう》役場を定年退職《たいしょく》した後にピースワンコで働くようになった人物で、行政《ぎょうせい》とのパイプ役を務《つと》めてくれる重要な存在《そんざい》だ。その横山《よこやま》と純子《じゅんこ》が出会ったのは、純子《じゅんこ》がピースワンコがある神石高原町《じんせきこうげんちょう》に住み始めて2年が過《す》ぎた、2012年春のことだった。

そのころ純子《じゅんこ》は、夫の健丞《けんすけ》が代表理事を務《つと》めるNGOピースウィンズ・ジャパンの事業の一つである「広島県《ひろしまけん》の地域興《ちいきおこ》し」を担当《たんとう》していた。純子《じゅんこ》と健丞《けんすけ》は、福山市《ふくやまし》内のマンションで暮《く》らしていたが、愛犬のボーダーコリー、アシュティを存分《ぞんぶん》に遊ばせる環境《かんきょう》がほしいと、福《ふく》山《やま》からこの神石高原町《じんせきこうげんちょう》に移《うつ》り住《す》んでいたのである。

神石高原町《じんせきこうげんちょう》は岡山《おかやま》との県境《けんざかい》に位置する高原の田舎《いなか》町だ。住民は兼業《けんぎょう》農家が多く、米をはじめ、トマトやブドウ、野菜などの生産が盛《さか》んである。

純子《じゅんこ》が住んでいるのは標高600メートルの山間部で、周りにはゴルフ場が点在《てんざい》し、6月にはホタルが乱舞《らんぶ》する自然豊《ゆた》かな美しい場所だ。

広島県・神石高原町

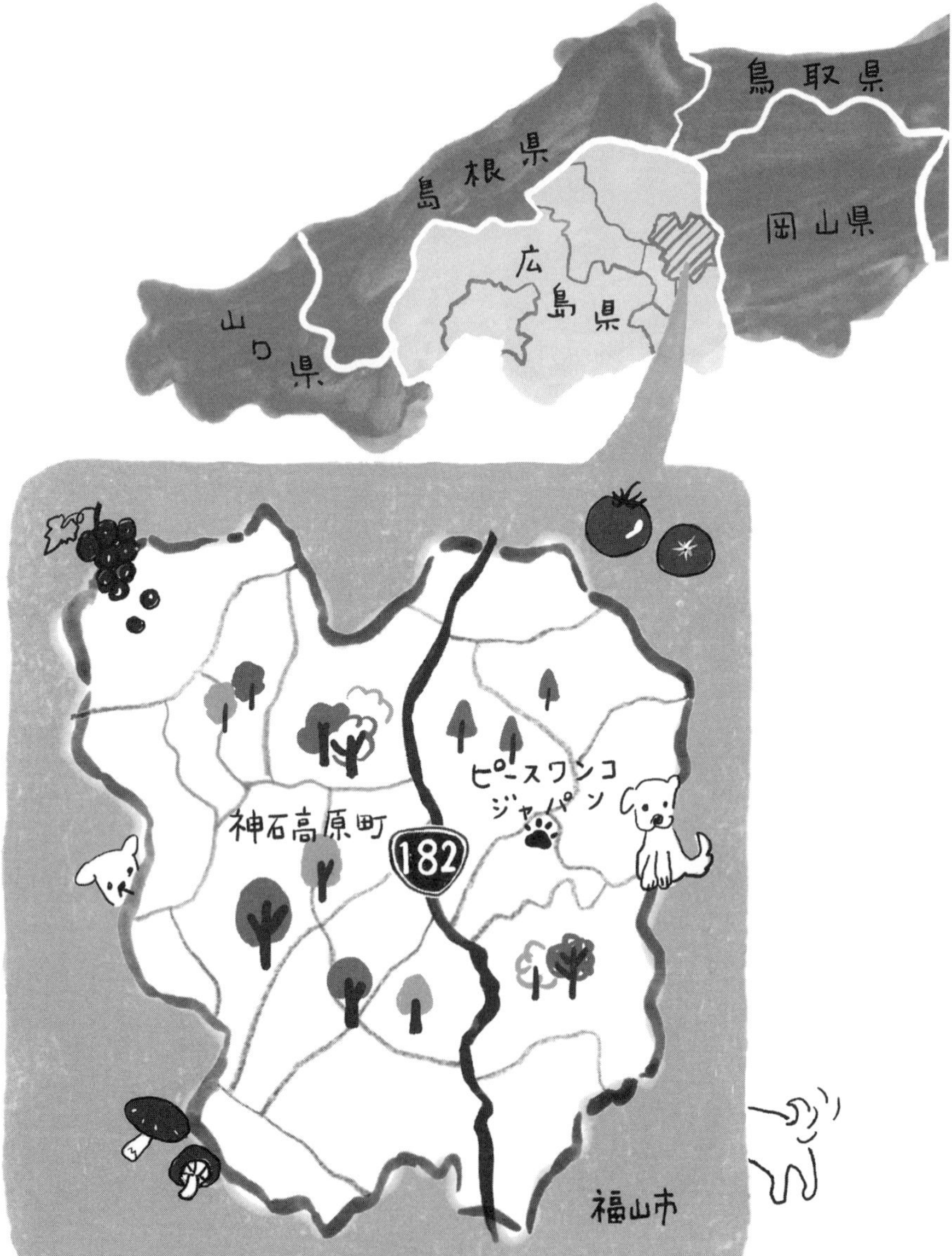

真夏の日中は30℃になる日もあるが、朝晩《あさばん》は快適《かいてき》に過《す》ごすことができる。

逆《ぎゃく》に冬は12月から雪が降《ふ》り始《はじ》め、最低気温はマイナス15℃になることもあるが、広大な土地を安価《あんか》で手に入れ、新築《しんちく》した自宅《じたく》で、大好きなフリスビーを存分《ぞんぶん》に楽しむ愛犬アシュティとの生活に、純子《じゅんこ》は大満足していた。


そんなある日のこと。町が発行した広報誌《こうほうし》を自宅《じたく》でパラパラめくっていた純子《じゅんこ》は、一つの「お知らせ」に目がくぎづけになった。

そこには「不要な犬・ねこの引き取り日　〇月〇日」と書いてある。

「何、これ？　不要な犬？　引き取り？　これって、何？」

純子《じゅんこ》はすぐさま神石高原町役場《じんせきこうげんちょう》に電話をかけた。

その時、電話で対応したのが、当時、神石高原町役場《じんせきこうげんちょう》で環境衛生《かんきょうえいせい》課長を務《つと》めていた横山《よこやま》だった。

「不要な犬・ねこの引き取りって、何のことですか」

「ああ、それはですね……、犬やねこの定時定点回収《かいしゅう》のことです」

定時定点回収《かいしゅう》とは、飼《か》い主《ぬし》が飼《か》えなくなった犬やねこを引き取る場所と日時を町役場が定め、それに合わせて飼《か》い主《ぬし》が犬やねこを連れてきて、行政《ぎょうせい》に回収《かいしゅう》してもらう制度《せいど》のことだ。

野犬《やけん》の多いこの地域《ちいき》では、野犬《やけん》の捕獲《ほかく》もおこなっているが、飼《か》えなくなった犬・ねこの回《かい》収《しゅう》もおこなっているという。

回収後《かいしゅう》、これらの犬やねこは広島県《ひろしまけん》動物愛護《あいご》センターに収容《しゅうよう》され、多くが殺処分《さっしょぶん》となる。

純子《じゅんこ》は頭の中がまっ白になった——。

次の瞬間《しゅんかん》、まっ白い頭の中にぽっかりと浮《う》かんだのは、幼《おさな》いころに出会った白い野犬《やけん》のことだった。

30年前の母親の言葉がよみがえる——。

〝保健所《ほけんじょ》が野犬狩《やけんが》りやるって書いてあったよ。子どもらには、保健所《ほけんじょ》が野犬《やけん》をつかまえるところを見せん方がいいから、学校で居残《いのこ》りさせますっていうお知らせ〟

あの犬は、あの日、野犬狩《やけんが》りで捕《つか》まって殺されてしまったのだ――。

幼《おさな》かった純子《じゅんこ》には、母親が受け取った手紙の意味と、白い犬とが結びつかなかった。

まさか、あの犬が捕《つか》まって殺されるなど、思ってもいなかったのだ。

30年も過《す》ぎて、どうしてこんなことを思い出したのだろう……。

それにしても……今の時代に、廃品回収《はいひんかいしゅう》でもするかのごとく、犬ねこを回収《かいしゅう》するなんて……、この町はまだそんなことをやっているのか。

野犬《やけん》だろうと、飼《か》い犬だろうと、不要な命は処分《しょぶん》されてしまう――。

何ともいえない気分になった。

「あの……、もし、飼《か》い主《ぬし》さんが飼《か》えない犬や野犬《やけん》を保護《ほご》する施設《しせつ》があれば、定時定点回収《かいしゅう》はやめられるのですか」

純子《じゅんこ》の口からとっさに出た言葉だった。

「……そりゃあ、そうですね……。理屈《りくつ》からいえばそうなります。定時定点回収《かいしゅう》に犬やねこを持ってくる方たちにはお年寄《としよ》りが多く、年金暮《ぐ》らしで、夫婦《ふうふ》どちらかが亡《な》くなると、犬やねこの世話どころではなくなるんです……。最後まで面倒《めんどう》みなさいとは言えない事情《じじょう》があるんですよ」

神石高原町《じんせきこうげんちょう》の人口の45％以上は高齢者《こうれいしゃ》だ。

それにしても、「人と自然が輝《かがや》く高原の町」をキャッチフレーズに掲《かか》げている町が、動物愛《あい》護《ご》に関しては、何の対策《たいさく》もしていない。高齢者《こうれいしゃ》が飼《か》いきれず、泣く泣く犬を手放しているのなら、その犬たちを保護《ほご》してやるのも、高齢者福祉《こうれいしゃふくし》につながるのではないか。

罪悪感《ざいあくかん》を抱《いだ》きながらペットを放棄《ほうき》することは、高齢者《こうれいしゃ》にとっても辛《つら》いはずだ。

純子《じゅんこ》の頭の中で、再《ふたた》びあの白い犬がはっきりと浮《う》かび上《あ》がってきた。

白い犬は、純子《じゅんこ》を見てしっぽを振《ふ》っている。しかし、その犬が見ているのは10歳《さい》のころの純子《じゅんこ》ではなかった。その目は、今の自分に、これからやるべきことを訴《うった》えているような気がした。

「わかりました。お忙《いそが》しい中、いろいろありがとうございました」

横山《よこやま》に礼を言って、電話を切ったとたん、純子《じゅんこ》の心は決まっていた。

この神石高原町《じんせきこうげんちょう》で、野犬《やけん》や捨《す》てられた犬を保護《ほご》する施設《しせつ》をつくろう——。

純子《じゅんこ》の夫、健丞《けんすけ》が率《ひき》いるピースウィンズ・ジャパンは、地震《じしん》、水害などの災害《さいがい》時レスキュー活動にも乗り出していたが、レスキュー隊のパートナーとして育成中の災害《さいがい》救助犬の「夢之丞《ゆめのすけ》」も、もとは野犬《やけん》で捕獲《ほかく》され、広島県《ひろしまけん》動物愛護《あいご》センターに収容《しゅうよう》された犬だった。

思えば、その夢之丞《ゆめのすけ》も健丞《けんすけ》と純子《じゅんこ》に出会わなければ、殺処分《さっしょぶん》される運命だったのだ。

どの犬を救い、どの犬を見捨《みす》てるのかなど、命に順位はつけられない。

ならば、すべての殺処分《さっしょぶん》をなくすしか他に道はない。

幸い、この町に移《うつ》り住《す》んでから、健丞《けんすけ》は、町長の地域再生戦略《ちいきさいせいせんりゃく》会議の座長《ざちょう》として、町の地《ち》域活性《いきかっせい》に力を注いでいた。

ピースウィンズ・ジャパンで国際的《こくさいてき》な人道《じんどう》支援《しえん》や、災害《さいがい》からの復興《ふっこう》や途上国《とじょうこく》の開発支援《しえん》を長くおこなってきた健丞《けんすけ》は、地域活性《ちいきかっせい》化のノウハウにも非常《ひじょう》に長《た》けていた。2人がこの町に越《こ》してきたことを知った町役場から、この町の再生《さいせい》に力を貸《か》してほしいと請《こ》われたのである。

ここは健丞《けんすけ》に頼《たの》んだ方が話は早い――。

純子《じゅんこ》はさっそく、自分の思いを健丞《けんすけ》に伝え、「町内における犬の殺処分《さつしょぶん》ゼロ」に取り組むことを提案《ていあん》した。

健丞《けんすけ》も純子《じゅんこ》の提案《ていあん》に異論《いろん》はなかった。

〝国の偉大《いだい》さと道徳的発展《どうとくてきはってん》は、その国における動物の扱《あつか》い方《かた》でわかる〟

これは、あの有名な「インド独立《どくりつ》の父」として知られるマハトマ・ガンジーの言葉だ。

動物を大切にする社会は、人に対してもやさしく、反対に動物の命や権利《けんり》が守られないようであれば、立派《りっぱ》な社会とはいえないことを意味する。

先進国と呼《よ》ばれる日本《にほん》も、ガンジーの言葉を基準《きじゅん》にすれば、とても偉大《いだい》な国とはいえない。

未だに、多くの犬やねこが人の手によって捕獲《ほかく》され、殺処分《さつしょぶん》されている。

自分たちが住む神石高原町《じんせきこうげんちょう》に至《いた》っては、ペットの定時定点回収《かいしゅう》さえおこなわれているのだ。

ならば、まずは自分たちが住む町から、動物の命を護《まも》り、道徳的発展《どうとくてきはってん》への一歩を踏《ふ》み出《だ》そう――。それが、町で暮《く》らす人たちの幸せにつながるはずだ。

純子《じゅんこ》の思いに共感した健丞《けんすけ》はさっそく、「神石高原町《じんせきこうげんちょう》の犬の殺処分《さっしょぶん》ゼロ」プロジェクトを町に提案《ていあん》した。ピースウィンズと町が協力して、「神石高原町《じんせきこうげんちょう》の犬の殺処分《さっしょぶん》ゼロ」を達成しようと合意を求めたが、町議会は猛反対《もうはんたい》した。

理由は「犬のために税金《ぜいきん》を使うのか」というものだった。

横山邦正《よこやまくにまさ》さん

そんな中、「動物が幸せな社会は、必ず人も幸せ」という純子《じゅんこ》や健丞《けんすけ》の思いに、大きな理解《りかい》を示《しめ》したのが環境衛生《かんきょうえいせい》課長の横山《よこやま》だった。

どこのだれが捨《す》てられる犬や、人間から隠《かく》れるように生きる野犬《やけん》を見て、楽しいと思うだろうか。幸せだと思うだろうか――。

横山《よこやま》は、犬の殺処分《さっしょぶん》ゼロのプロジェクト実現《じつげん》のために、議会に理解《りかい》を求めて熱心に働きかけた。そして、健丞《けんすけ》や純子《じゅんこ》と何度も協議を重ねた。まず、ピースウィンズでどれくらいの犬の保護《ほご》と世話ができるのか。神石高原町《じんせきこうげんちょう》で放棄《ほうき》される飼い犬、野犬《やけん》、迷《まよ》い犬のすべてを受け入れられるのか。一時保護《ほご》にかかる費用は町とピースウィンズとで、どんな割合《わりあい》でどう負担《ふたん》するのか。新しい飼《か》い主《ぬし》を見つける取り組みをどうするのか。課題はつきない。

その一つひとつをていねいに検討《けんとう》し、準備《じゅんび》を進めた結果、町議会も「殺処分《さっしょぶん》ゼロ」のプロジェクトに最終的に合意。2012年7月から町内での「飼育放棄犬《しいくほうきけん》、野犬《やけん》の保護《ほご》」をピースウィンズと町が協力しておこなうこととなり、神石高原町《じんせきこうげんちょう》での「犬の殺処分《さっしょぶん》ゼロ」が現実《げんじつ》のものとなったのである。

この取り組みをきっかけに2013年4月、健丞《けんすけ》が代表を務《つと》めるピースウィンズ・ジャパンが運営《うんえい》する国内事業の一つとして、正式に「ピースワンコ・ジャパン」というプロジェクトが発足。プロジェクトリーダーとなった純子《じゅんこ》を先頭に、さらなる目標を掲《かか》げたのである。

自分たちが住む町の「犬の殺処分《さっしょぶん》ゼロ」の次は、自分たちが住む広島県《ひろしまけん》での「犬の殺処分《さっしょぶん》ゼロ」だ。そのための経費《けいひ》、人材、時間はどれくらいかかるのだろう。

それらをすべて計算して、純子《じゅんこ》が打ち出したのは「広島県《ひろしまけん》の犬の殺処分《さっしょぶん》ゼロをめざす1000日計画」だった。

そして、神石高原町《じんせきこうげんちょう》のプロジェクトに続き、2016年4月、広島県《ひろしまけん》での「殺処分《さっしょぶん》ゼロ」はついに現実《げんじつ》のものとなった。

だが、町と比《くら》べ規模《きぼ》の大きい「県の犬の殺処分《さっしょぶん》ゼロ実現《じつげん》」は容易《ようい》ではなかった。

全頭引き取りから1年が過《す》ぎても、愛護《あいご》センターでの収容《しゅうよう》数は減《へ》らず、ピースワンコで保護《ほご》する頭数が増《ふ》え続《つづ》けたからだ。これに伴《ともな》い、ピースワンコでは2000頭以上を保護《ほご》可能《かのう》なシェルター建設《けんせつ》に着手し、シェルターの拡充《かくじゅう》を続けている。

とにかくあと2、3年。そこまで持ちこたえれば、ピースワンコの引き取り数は必ず下降《かこう》に転じる——。

愛護《あいご》センターの収容《しゅうよう》数が減《へ》らない理由の一つは、「殺処分《さっしょぶん》ゼロ」活動を知った住民たちの意識《いしき》の変化にもあった。

以前は、捕獲《ほかく》された野犬《やけん》は殺処分《さっしょぶん》されたため、犬好きな住民が捕獲機《ほかくき》にかかった犬を、「かわいそう」という理由で逃《に》がしてしまうケースが多々あった。

ただでさえ、警戒心《けいかいしん》が強い野犬《やけん》は捕獲機《ほかくき》にかかりにくいのに、捕獲《ほかく》できた犬を逃《に》がされてしまっては、それらの犬が繁殖《はんしょく》をくり返し、野犬《やけん》がますます増《ふ》えてしまう。

しかし、ピースワンコが殺処分《さっしょぶん》対象の犬をすべて保護《ほご》するようになってからは、犬好きの住民も、野犬《やけん》を逃《に》がしてしまうといった行為《こうい》をしなくなっていった。愛護《あいご》センターに収容《しゅうよう》されれば、最終的にピースワンコに保護《ほご》してもらえるとわかったからだ。

住民たちも野犬《やけん》の捕獲《ほかく》、収容《しゅうよう》に協力的になっていった。

野犬《やけん》の捕獲《ほかく》数が増《ふ》えたことで、愛護《あいご》センターの収容《しゅうよう》数は増《ふ》えたが、県内の野犬《やけん》の数自体は減《へ》っているはずである。

また、愛護《あいご》センターに収容《しゅうよう》される犬の半数は、野犬《やけん》が産んだ子犬。子犬の保護《ほご》、収容《しゅうよう》を徹《てっ》底《てい》すれば、将来《しょうらい》、子どもを産む予備《よび》軍を減《へ》らすことができる。

子犬ならトレーニングや人慣《ひとな》れもしやすく、譲渡《じょうと》への道のりもスピーディーだ。警戒心《けいかいしん》の強い野犬《やけん》の親犬より、子犬の保護《ほご》活動を徹底的《てっていてき》におこなっていけば、ピースワンコの引き取り頭数は、あと2、3年で確実《かくじつ》に減《へ》っていくはずだった。

あの日以来、「殺処分《さっしょぶん》ゼロ」は純子《じゅんこ》にとって、人間がなすべき使命に変わっていた。

1枚のチラシに書かれた「不要な犬・ねこ引き取り」のお知らせから、犬の保護《ほご》活動に真剣《しんけん》に関わり始めた純子《じゅんこ》は、犬について猛烈《もうれつ》に勉強を始めた。ドイツが動物福祉《ふくし》先進国だと知ると、ドイツの保護《ほご》施設《しせつ》に何度も視察《しさつ》に行った。そこで出会ったアルシャー京子《きょうこ》からは、ドイツのペット事情《じじょう》についていろいろなことを聞き、教えてもらった。

ドイツのティアハイムのような民間のシェルターをつくり、行き場のない犬たちを救い、幸せにしたい――。ドイツから戻《もど》った純子《じゅんこ》は、その思いをより一層《いっそう》強くした。

世の中にいる動物の中で、犬ほど人間が手を加え、改良した動物はいないだろう。

その動物の命に対して、自分たち人間は責任《せきにん》を負わなくてはならない――。

その責任《せきにん》の重さに押《お》しつぶされそうになる時、純子《じゅんこ》は「アニマル・ウェルフェア　5つの自由」という言葉を、何度も何度も頭の中でつぶやき、自分を奮《ふる》い立《た》たせた。

「5つの自由」とは、国際的《こくさいてき》に認《みと》められている動物の福祉基準《ふくしきじゅん》で、1960年代にイギリスで、家畜《かちく》動物の飼育環境改善《しいくかんきょうかいぜん》を実現《じつげん》するために作成された指令《しれい》だ。

現在《げんざい》、この指令《しれい》はペットや、動物園の動物などに対する「動物福祉《ふくし》の基本《きほん》」として世界中に知られている。

5つの自由とは、

「飢《う》えと渇《かわ》きからの自由」

「不快《ふかい》からの自由」

「痛《いた》み・外傷《がいしょう》・病気からの自由」

「恐怖《きょうふ》や抑圧《よくあつ》からの自由」

「正常《せいじょう》な行動を表現《ひょうげん》する自由」

を意味していた。

人間は犬に対して、このアニマル・ウェルフェアにのっとった責任《せきにん》を取る必要がある。

その責任《せきにん》の取り方が、まずは「殺処分《さっしょぶん》ゼロ」なのだと純子《じゅんこ》は考えていた。

人間が改良を重ね、野生では生きていけない動物にした犬に対し、人間には絶対的《ぜったいてき》な責任《せきにん》がある。

しかし、命を救えばそれで終わりではない。

アニマル・ウェルフェアに謳《うた》われている通り、幸せな暮《く》らしがなければ、それは責任《せきにん》を取ったことにならないのである。

そして何よりすべての人間が、この考えを尊重《そんちょう》し、命に対する責任《せきにん》を全《まっと》うしてくれれば、「殺処分《さっしょぶん》」などもとより必要ないのだと、純子《じゅんこ》は思った――。

あなたの飼《か》っている動物は、幸せだろうか――？
つねに問いかけてみる。
それが、命を預《あず》かった、私《わたし》たち人間の責任《せきにん》だ

4. 恐怖《きょうふ》や抑圧《よくあつ》からの自由

・動物は恐怖《きょうふ》や精神的苦痛《せいしんてきくつう》（不安）や多大なストレスがかかっている兆候を示《しめ》していませんか？
そうであれば、原因《げんいん》を確認《かくにん》し、的確《てきかく》な対応《たいおう》が取れていますか？

5. 正常《せいじょう》な行動を表現《ひょうげん》する自由

・動物が正常《せいじょう》な行動を表現《ひょうげん》するための十分な空間・適切《てきせつ》な環境《かんきょう》が与《あた》えられていますか？

・動物がその習性《しゅうせい》に応《おう》じて群《む》れあるいは単独《たんどく》で飼育《しいく》されていますか？
また、離《はな》すことが必要である場合には、そのように飼育《しいく》されていますか？

公益社団法人日本動物福祉協会サイトより

「アニマル・ウェルフェア　5つの自由」とは――？

1. 飢《う》えと渇《かわ》きからの自由

・その動物にとって適切《てきせつ》かつ栄養的に十分な食物が与《あた》えられていますか？

・いつでもきれいな水が飲めるようになっていますか？

2. 不快《ふかい》からの自由

・その動物にとって適切《てきせつ》な環境《かんきょう》下で飼育《しいく》されていますか？

・その環境《かんきょう》は清潔《せいけつ》に維持《いじ》されていますか？

・その環境《かんきょう》に風雪雨や炎天《えんてん》を避《さ》けられる快適《かいてき》な休息場所がありますか？

・その環境《かんきょう》に怪我《けが》をするような鋭利《えいり》な突起物《とっきぶつ》はないですか？

3. 痛《いた》み・外傷《がいしょう》・病気からの自由

・病気にならないように普段《ふだん》から健康管理・予防《よぼう》はしていますか？

・痛《いた》み、外傷《がいしょう》あるいは疾病《しっぺい》の兆候を示《しめ》していませんか？
そうであれば、その状態《じょうたい》が、診療《しんりょう》され、治療《ちりょう》されていますか？

4　保護犬《ほごけん》の卒業

野犬《やけん》が産んだ子犬のマギーは、兄弟犬ムギーとともに生後推定《すいてい》2カ月で捕獲《ほかく》され、動物愛護《あいご》センターに収容《しゅうよう》された犬だった。

その後、ピースワンコに引き取られると、第2シェルターで2週間の検疫《けんえき》期間を終え、マギーもムギーもすぐに、譲渡《じょうと》対象の第1シェルターに移動《いどう》となった。

2匹《ひき》とも保護《ほご》されたのが小さな子犬時代だったこともあり、人間に対する警戒《けいかい》心はまったくなかった。少々シャイな面はあったが、人慣《ひとな》れも早く、おだやかな性格《せいかく》で、譲渡候補《じょうとこうほ》に挙げても問題ないと、純子《じゅんこ》とスタッフが判断《はんだん》したからだ。

ピースワンコでは、保護犬《ほごけん》の数が増《ふ》えても、譲渡《じょうと》対象犬《けん》は慎重《しんちょう》に選ぶ。保護《ほご》数が増《ふ》えたからといって、トコロテン式にどんな犬でも譲渡《じょうと》に回すようなことは、絶対《ぜったい》にしない。まずは、人と暮《く》らす最低限《さいていげん》のレベルまで「人慣《ひとな》れ」できているかどうか――。保護犬《ほごけん》たちはもと野犬《やけん》が多いため、人に慣《な》れるレベルまで持ってくるトレーニングにも時間がかかる。1700頭の保護犬《ほごけん》がいるとはいえ、今すぐ譲渡《じょうと》できる犬は100頭ほどしかいないのだ。人と犬、お互《たが》いの信頼《しんらい》関係が築《きず》けなければ、犬も飼《か》い主《ぬし》も不幸になる。

純子《じゅんこ》は、人との暮《く》らしがとても安心で楽しいものだということを犬たちに知ってもらい、保護犬《ほごけん》との暮《く》らしがどれほどすばらしいものなのかを、飼《か》い主《ぬし》に味わってほしいと思っていた。

マギーやムギーが入っている第1シェルターにいる犬たちは、その数少ない譲渡犬《じょうとけん》たちだった。

第1シェルターには、飼《か》い主《ぬし》希望者がゆっくり犬とお見合いできる犬舎《けんしゃ》がある。だれでもここに来て、スタッフの立ち会いのもと、犬を見たり、接《せっ》することができるが、何しろピースワンコの第1シェルターがある神石高原町《じんせきこうげんちょう》の仙養ヶ原《せんようがはら》までは、広島市《ひろしまし》からは車で約2時間、福山市《ふくやまし》からでも1時間近くかかってしまう。

そこで、もっとたくさんの人たちに保護犬《ほごけん》のことを知ってもらい、犬たちと飼《か》い主《ぬし》の赤い糸を見つけようとつくられたのが、アクセスのいい街中《まちなか》にある「ピースワンコ・ジャパン譲渡《じょうと》センター」だった。

譲渡《じょうと》センターは現在《げんざい》、広島県広島市《ひろしまけんひろしまし》、神奈川県藤沢市《かながわけんふじさわし》、東京都世田谷区《とうきょうとせたがやく》、広島県福山市《ひろしまけんふくやまし》の4カ所にあり、神石高原町《じんせきこうげんちょう》の第1シェルターから各譲渡《じょうと》センターに犬たちが送られるしくみになっている。

マギーとムギーが送られたのは福山譲渡《ふくやまじょうと》センターで、2017年4月にオープンしたばかり。オープン当初は何かと忙《いそが》しいため、運営《うんえい》が軌道《きどう》に乗るまで、純子《じゅんこ》はできる限《かぎ》りここに来て、現場《げんば》のスタッフといっしょに仕事に当たっていた。

譲渡《じょうと》センターのオープンは朝10時。

その日は、譲渡《じょうと》センターの店長が休日だったため、純子《じゅんこ》は朝8時にここにやってきて、譲《じょう》渡《と》対象犬《けん》の世話や掃除《そうじ》、事務《じむ》仕事をこなしていた。

福山譲渡《ふくやまじょうと》センターには14室の犬舎《けんしゃ》があり、1室に1頭ずつ犬が入っている。

ピースワンコ福山譲渡《ふくやまじょうと》センターの犬舎《けんしゃ》

畳一畳分《たたみいちじょうぶん》はあるかと思われる広い犬舎《けんしゃ》の前には、犬の写真といっしょにプロフィールが掲《かか》げられ、年齢《ねんれい》、性別《せいべつ》など、見に来た人たちがすぐわかるようになっていた。

見た目はペットショップをかなり贅沢《ぜいたく》にしたつくりだが、ここはペットショップではない。犬たちと飼《か》い主《ぬし》の赤い糸を見つけるための「お見合いの場所」なのである。

犬たちはみなきれいに手入れされ、ピカピカだ。

愛護《あいご》センターにいた時の姿《すがた》とは、毛並《けな》みも表情《ひょうじょう》もまるで違《ちが》う。

人が愛情《あいじょう》と手をかければ、犬たちの命は

輝《かがや》く。その輝《かがや》きを、飼《か》い主《ぬし》の手によってずっとずっと持続させてほしい。ピースワンコは、その最初のきっかけをつくっているにすぎない。

しかし、その最初のハードルがもっとも高いのである。
ただ命を救うのではなく、その命を輝《かがや》かせるためには志《こころざし》だけではむりだ。どうしても費用がかかる。ピースワンコの「保護犬事業《ほごけん》」に使われる経費《けいひ》は、年間で医療《いりょう》費に約3700万円、餌《えさ》代などに約1300万円、冷暖房《れいだんぼう》が効《き》いて清掃《せいそう》の行《ゆ》き届《とど》いた犬舎《けんしゃ》の光熱費や譲渡《じょうと》センターの維持《いじ》費に約3000万円、増《ふ》える保護犬《ほごけん》に対応するための新しい犬舎《けんしゃ》の建築《けんちく》費用に約2億円、そして犬たちの世話をするスタッフの人件《じんけん》費や事務《じむ》所の運営《うんえい》費などに約1億3750万円がかかっている。

それ以外のPRODOGスクール運営《うんえい》費、広報《こうほう》・啓発《けいはつ》活動などの経費《けいひ》を含め、2016年度では年間6億6550万円もの費用が必要だった。命を預《あず》かることは、同時に多額《たがく》の費用がかかることでもある。きれいごとだけでは命は救えないし、幸せにもできない。

この巨額《きょがく》の費用の大半を、ピースワンコのプロジェクトを応援《おうえん》してくれる人たちの寄付《きふ》で賄《まかな》っている。支援《しえん》してくれる人たちのおかげで、犬たちを新しい家族に送り出すことができるのである。

寄付《きふ》は、一般的《いっぱんてき》な寄付《きふ》をはじめ、特定の保護犬《ほごけん》を毎月支援《しえん》する「ワンだふるファミリー」という制度《せいど》などがあるが、集まる寄付《きふ》の半分以上は「ふるさと納税《のうぜい》」によるもので、その額《がく》は年間4億円以上にもなる。これらは、自分が納《おさ》める税金《ぜいきん》の一部を、ピースワンコの活動を支援《しえん》するために使ってほしいと、神石高原町《じんせきこうげんちょう》に寄付《きふ》されたお金だ。

寄付《きふ》をする人、犬を家族に迎《むか》える人、みな気持ちは同じだろう。

犬たちのゆるぎない幸せのために……。

そして今日は、その願いがまた一つ叶《かな》えられるマギーの卒業の日――。

兄弟犬、ムギーは福山譲渡《ふくやまじょうと》センターに送られてすぐ、飼《か》い主《ぬし》との赤い糸にめぐり合い、巣立っていった。

ムギーは、福山譲渡《ふくやまじょうと》センターの卒業犬第1号だ。

そのあとを追うように、マギーにも赤い糸が見つかり、いよいよ飼《か》い主《ぬし》のもとへ巣立つこととなったのである。

「マギー、もうすぐお母さんたち、来てくれるよ！」

マギーは首をかしげながら純子《じゅんこ》を見ていたが、静かに落ち着いて座《すわ》っていた。

床掃除《ゆかそうじ》でモップを引《ひ》っ張《ぱ》りながら何度もマギーの部屋の前を通るたび、純子《じゅんこ》はマギーに声をかけた。

マギーはそのたびに首を左右に動かして、純子《じゅんこ》が動かすモップの先を目で静かに追った。

午前11時、自動ドアが開き、マギーの飼《か》い主夫婦《ぬしふうふ》が姿《すがた》を見せた。

「こんにちは！　お待ちしておりました」

純子《じゅんこ》があいさつをすると、飼《か》い主《ぬし》の夫人は笑顔を返し、マギーの犬舎《けんしゃ》に走《はし》り寄《よ》った。

待ちきれないといった様子だ。

「新しいハーネスとリードを持ってきました」

夫人はカバンから真新しいハーネスとリードを純子《じゅんこ》に差し出した。

譲渡《じょうと》の日には飼《か》い主《ぬし》に新しいリードを持ってきてもらい、それにつけ替《か》える。

「さっそくつけ替《か》えましょう」

純子《じゅんこ》が言うと、今度は夫が犬舎《けんしゃ》に入り、マギーの体に新しいハーネスを装着《そうちゃく》した。

「少し、大きかったかなあ……」

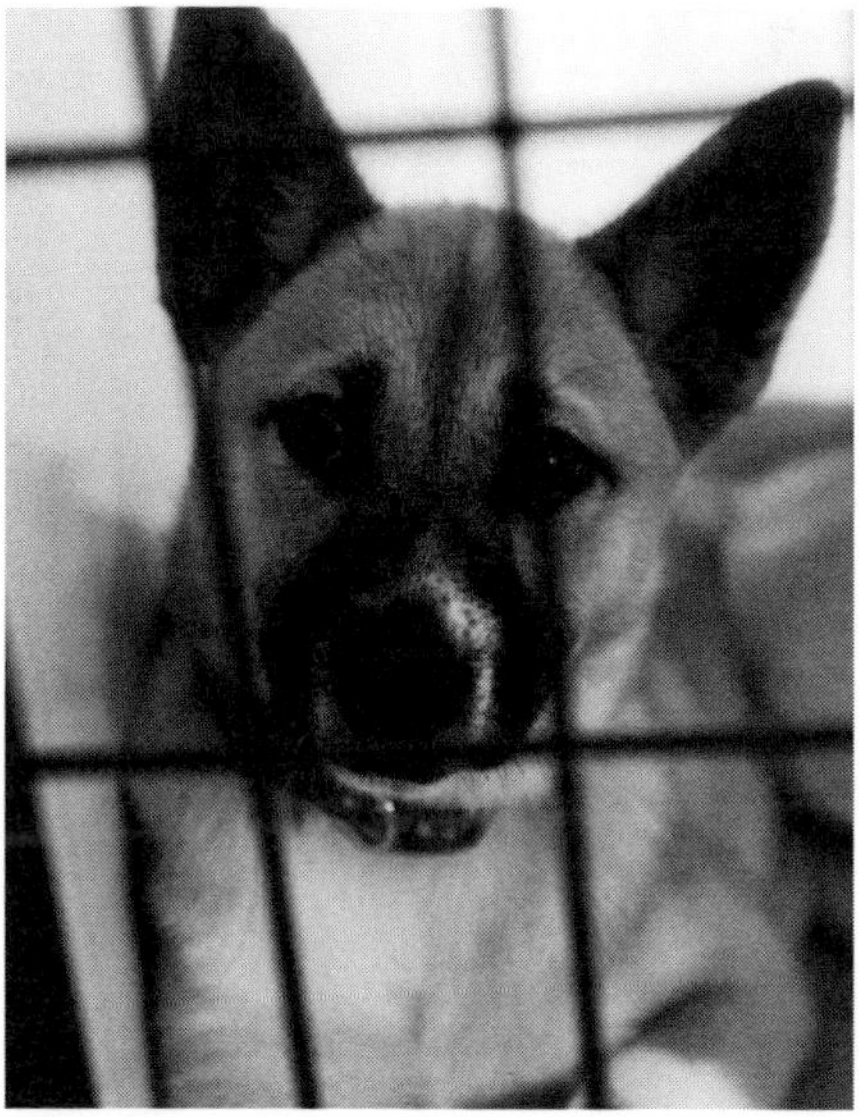
マギー

つけ終わった瞬間《しゅんかん》、夫が心配そうに言った。
「じゃあ、今までつけていた首輪も差し上げますから、ダブルでつけてください。抜《ぬ》けると危《あぶ》ないです」
純子《じゅんこ》が言うと、夫はうなずいてマギーを犬舎《けんしゃ》から出した。
それを見ていた夫人が、マギーを愛《いと》しそう

に見つめながら言った。

「最初、ここの譲渡《じょうと》センターに見に来た時、どの子もかわいいし、どの子でもいいなあって思っていたんです。ただ、うちには生後半年になる孫がいて、同じように年齢《ねんれい》を重ねてくれる犬がいいかなあと思って見ていました。そうなると子犬ですよね。でも子犬は元気がよすぎて、どうかなあと迷《まよ》っていたら、スタッフの方が、マギーを紹介《しょうかい》してくれました。マギーは生後5カ月で孫とほとんど同じ年。子犬なのにおだやかで、やさしくて、落ち着いているので、マギーに決めました」

譲渡《じょうと》センターのスタッフたちは、みな犬のことをしっかりと勉強した上で、ここの保護犬《ほごけん》たちの性格《せいかく》、癖《くせ》などを一頭一頭詳《くわ》しく、正しく理解《りかい》している。

ピースワンコでは、どんな飼《か》い主《ぬし》にどの犬が適《てき》しているのか、アドバイスすることをかなりていねいにおこなう。そのアドバイスを参考に犬を選ぶ人たちも多く、マギーの飼《か》い主《ぬし》もその一人だった。

犬舎《けんしゃ》から出たマギーは、夫人のそばにちょこんと座《すわ》って、きょとんと顔を見上げている。

これからお散歩にでも行くの？　といったところだろう。

「マギーはとてもいい子ですが、今日から環境《かんきょう》が変わって夜鳴きしたり、吠《ほ》えたりすることがあるかもしれません。大目《おおめ》に見てあげてください」

純子《じゅんこ》はそう言うと、さっそく事務《じむ》手続きに取《と》り掛《か》かった。

「まず、名前はマギーですが、これは仮《かり》のお名前ですので、お好きな名前をつけてあげてください」

夫妻《ふさい》はしばらく考えていたが、「マギーでいいよな」と夫が言った。

「わかりました。ではマギーちゃんですが、現在《げんざい》生後約5カ月の女の子です。保護《ほご》当初はお腹《なか》に虫がいましたが、虫も落ちて健康状態《じょうたい》は良好です。大きな病気もありません。すでに子犬の時に受けるべき3回のワクチンはすべて終わっているので、次回は来年の4月ごろ、混合《こんごう》ワクチンを動物病院で受けてくださいね。それと、フィラリアの薬は今月分は飲ませています。フィラリア予防《よぼう》と同時に、ノミとダニも駆除《くじょ》できる薬です。この薬を継続《けいぞく》されるのならノミ、ダニ駆除《くじょ》の薬はつける必要がありません」

純子《じゅんこ》はワクチン証明《しょうめい》書や書類を見せながら、ていねいに説明した。

マギーの飼《か》い主《ぬし》は今まで犬を飼《か》っていたので、それほど不自由はないが、初めて犬を飼《か》う飼い主《ぬし》となれば、さらに懇切《こんせつ》ていねいに時間をかける。

犬がどんなに健康でも、病気予防《よぼう》にはかなりお金がかかる。毎年の狂犬病予防注射《きょうけんびょうよぼうちゅうしゃ》に混合《こんごう》ワクチン注射《ちゅうしゃ》、フィラリア症予防《しょうよぼう》の投薬《とうやく》、ノミ、ダニ駆除《くじょ》など、病気をせず健康な状態《じょうたい》でも毎年4万円くらいはかかる。さらにフード、シャンプー、トリミング、そして病気になった時の医療《いりょう》費など、犬を幸せにするためにかかる経費《けいひ》は、平均寿命《へいきんじゅみょう》15年と考えて、1頭でざっと400～500万円くらいといわれているのだ。

それでも人は、犬と暮《く》らしたいと思う。それは、犬との暮《く》らしがお金には代えがたいほどすばらしい時間だからだ。

「狂犬病予防注射《きょうけんびょうよぼうちゅうしゃ》はこれからになりますので、注射《ちゅうしゃ》が終わったら市役所に届《とど》け出《で》てください」

「狂犬病《きょうけん》はすぐにやらなくちゃいけませんよね」

夫人が聞くと、「まだ、環境《かんきょう》が変わったばかりで、マギーも不安ですから、環境《かんきょう》に慣《な》れてか

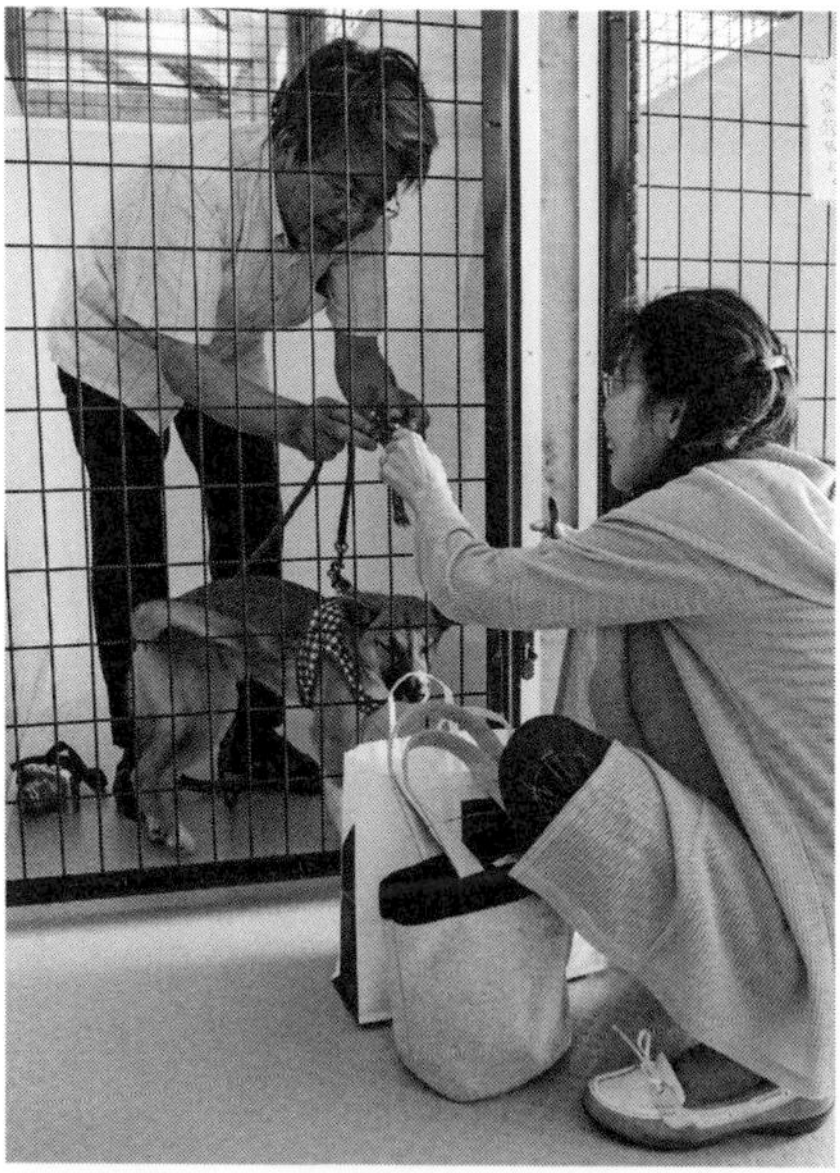

新しい飼《か》い主《ぬし》に新しいハーネスとリードをつけてもらうマギー

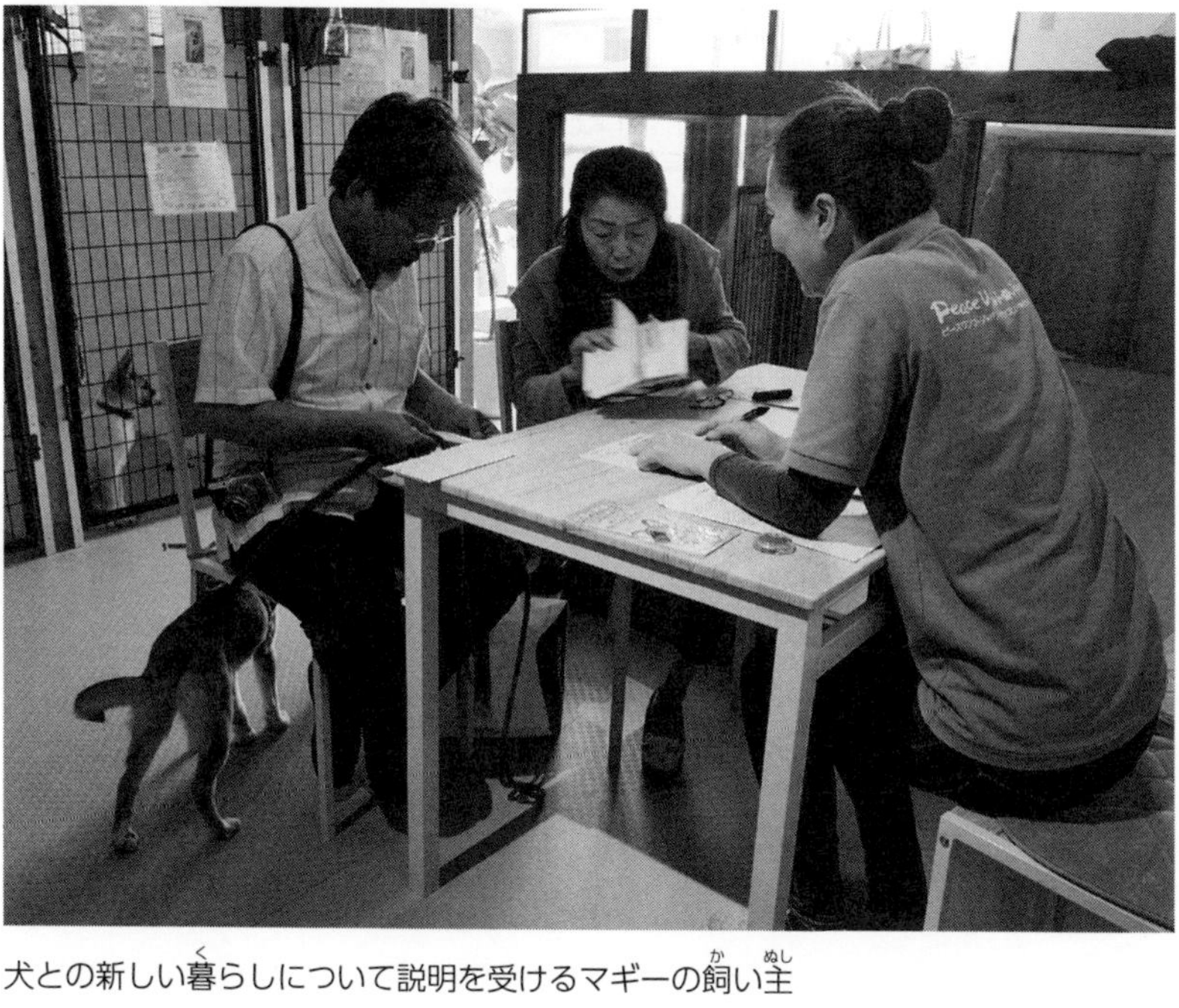

犬との新しい暮《く》らしについて説明を受けるマギーの飼《か》い主《ぬし》

らの方がいいです。そうですね……、2週間か、3週間たったころにでもマギーの様子を見て病院で注射《ちゅうしゃ》を受けてください」と純子《じゅんこ》はアドバイスした。

「それと、最後に、マイクロチップがマギーの体の中に入っています」

純子《じゅんこ》は1枚《まい》の書類を机《つくえ》の上に置いた。

「マギーの体の中に入っているマイクロチップは、この12桁《けた》の番号です。この登録用紙に、お名前、住所、電話番号を書いて投函《とうかん》していただくと、飼《か》い主《ぬし》様とマギーの登録が完了《かんりょう》します」

マイクロチップとは、犬の体に埋《う》め込《こ》む犬の身分証明《しょうめい》書のようなものだ。

長さは1・5センチ程度《ていど》。太さは注射針《ちゅうしゃばり》を少し太くした程度《ていど》で、注射《ちゅうしゃ》器で首の後ろの皮下《ひか》に挿入《そうにゅう》する。処置《しょち》は一瞬《いっしゅん》で終わり、痛《いた》みはほとんどない。マイクロチップリーダーを犬の体にかざすと、番号がリーダーに表《あらわ》れるしくみとなっている。

昨今、このリーダーは動物愛護《あいご》センターにも、多くの動物病院にもあるため、犬が迷子《まいご》になって保護《ほご》された時でも、番号を読み取り、データベースと照合すれば、飼《か》い主《ぬし》は一目瞭然《いちもくりょうぜん》というわけだ。迷子札《まいごふだ》のように落とすこともない。

マイクロチップは動物病院にお願いすれば、1頭5000円ほどで簡単《かんたん》に装着《そうちゃく》できる。犬の個体《こたい》管理をしっかりするためにも大切であり、ピースワンコでは、譲渡《じょうと》前にすべての犬にマイクロチップを入れて、飼《か》い主《ぬし》に渡《わた》すことにしている。

「最後に、譲渡誓約書《じょうとせいやく》を読んでいただき、ご署名《しょめい》いただけますか」

純子《じゅんこ》が促《うなが》すと、夫妻《ふさい》は譲渡誓約書《じょうとせいやく》に目を落とした。

そこには、犬を飼《か》う上での法律《ほうりつ》の厳守《げんしゅ》、適切《てきせつ》な病気予防《よぼう》や医療《いりょう》ケアをおこなうこと、近隣《きんりん》に迷惑《めいわく》をかけないこと、譲渡《じょうと》後も近況《きんきょう》を定期的にピースワンコに報告《ほうこく》すること、また、それに違反《いはん》した場合には、犬をピースワンコに返還《へんかん》することなどが書かれていた。

読み終えた夫人が署名《しょめい》、捺印《なついん》し、これまでの飼育《しいく》費用の一部とマイクロチップ装着《そうちゃく》にかかった費用として1万7500円を支払《しはら》った。これで譲渡《じょうと》は完了《かんりょう》だ。

「マギー、おめでとう！　今日から本当のお父さん、お母さんといっしょに暮《く》らせるんだよ！　幸せになってね」

純子《じゅんこ》はホッと肩《かた》で息をした。

マギーは、飼《か》い主《ぬし》に抱《だ》かれたまま車に乗って巣立っていった。

純子《じゅんこ》とスタッフは、マギーを乗せた車が見えなくなるまで、手を振《ふ》って見送った。

この活動をやっていて本当によかったと思える瞬間《しゅんかん》だ。

この時があるから、自分はここまでやってこられたのだ。

ピースワンコでは譲渡《じょうと》センターにやってきて、犬がほしいと申し出ただれにでも、簡単《かんたん》に譲渡《じょうと》するわけではない。

例えば子どもが苦手な犬には、小さな子どもがいる家庭は不向きだし、人間が大好きでも他の犬と仲よくできない犬は、すでに犬を飼《か》っている家庭には不向きだ。

夫婦《ふうふ》2人共働きで、朝早くから夜遅《おそ》くまで仕事で留守《るす》なのに、子犬がほしいという人もいるが、トレーニングや世話に時間がかかる子犬を飼《か》うのは難《むずか》しい。

こういったことをきちんと説明しないで譲渡《じょうと》してしまうと、人間にとっても犬にとってもストレスとなる。

「飼《か》いたい」と「飼《か》える」はまるで違《ちが》う。

「飼《か》いたい」と思っても飼《か》えないのなら、「飼《か》わない」と自分で判断《はんだん》することも、命の尊厳《そんげん》を護《まも》ることなのである。

マギーを見送った純子《じゅんこ》は、譲渡《じょうと》センターの中の犬たちに一頭ずつ声をかけた。

この中の半分はすでに、希望者から声がかかっていて、近く新しい家族のもとへ送り出す犬たちだった。

「はなみちゃんも、来週はいよいよお母さんたちがお迎《むか》えに来てくれるね」

推定年齢《すいていねんれい》10歳《さい》のはなみは、メスの静かなミックス犬だった。

子犬希望者が圧倒的《あっとうてき》に多い中、はなみを家族に迎《むか》えたいと言ってくれたのは、三原市《みはらし》に住む母娘《ははこ》の親子だ。知人からピースワンコのことを聞き、福山譲渡《ふくやまじょうと》センターにやってきたのは、10日ほど前――。

母親がまず、はなみを一目で気に入ってくれた。

ピースワンコの譲渡《じょうと》センターでは犬とのふれあいはもちろん、気に入った犬がいればいっ

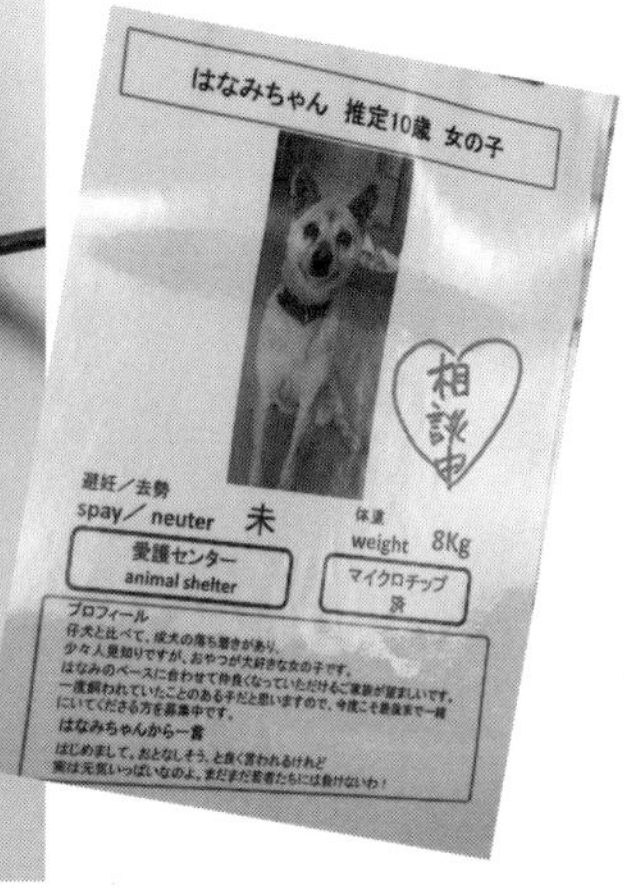

もうすぐ新しい家族ができる
はなみ

しょに外に散歩に行くこともできる。

はなみとの体験散歩では、鼻をピーピー鳴らして甘《あま》えるしぐさに、母娘《ははこ》ともすっかり心を奪《うば》われてしまったようだった。

2人は、さっそく、はなみを家族として迎《むか》えたいと申し出た。

犬との相性《あいしょう》に問題がなければ、里親《さとおや》希望者はまず申込書《もうしこみしょ》を提出《ていしゅつ》する。

内容は住所・氏名などの基礎《きそ》情報《じょうほう》、家庭環境《かんきょう》や犬の飼育環境《しいくかんきょう》などだが、飼育《しいく》場所の見取り図か写真も提出《ていしゅつ》しなければならない。

申込書《もうしこみしょ》の内容《ないよう》に問題がなければ、後日スタッフが家庭を訪問《ほうもん》し、環境《かんきょう》の確認《かくにん》、飼育《しいく》方法やしつけの相談をおこない、飼《か》い主《ぬし》として申し分ないと判断《はんだん》すれば、後日正式譲渡《じょうと》となる。

はなみは、すでに純子自身《じゅんこじしん》によって、飼《か》い主《ぬし》の家を訪問《ほうもん》し終わっているので、あとは、はなみを送り出す日を待つのみとなっていた。

「はなみちゃん、いよいよだね！　本当のお母さんのところで、うんとかわいがってもらってね！」

はなみがピーピーと鼻を鳴らして、純子《じゅんこ》の手をそっとなめた。

犬が巣立つごとに、純子《じゅんこ》もここで働くスタッフたちも「幸せの階段《かいだん》」をまた一つ上っていけるような気がした。

ピースワンコ・ジャパン
譲渡《じょうと》までの流れ

ワンコに会いに行く

だれかきたワン

スタッフが家族構成《こうせい》や、ライフスタイルに合ったワンコを紹介《しょうかい》。ワンコとの相性《あいしょう》に問題がなければ、申込書《もうしこみしょ》（氏名・住所などの基礎情報《きそじょうほう》、家庭環境《かんきょう》や犬の飼育環境《しいくかんきょう》など）を提出《ていしゅつ》

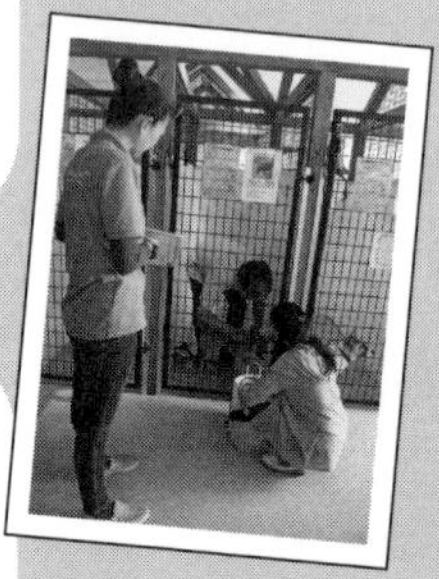

申込書《もうしこみしょ》を見て問題がないと判断《はんだん》されれば、ピースワンコスタッフが家庭訪問《ほうもん》。環境《かんきょう》の確《かく》認《にん》と飼育《しいく》方法、しつけの相談をおこなう。その間、何度か施設《しせつ》に通ってもらい、犬との信《しん》頼《らい》関係を築《きず》いてもらう

訪問《ほうもん》結果に問題がなければ、譲渡《じょうと》センターまで来てもらい誓約《せいやく》書にサイン。

祝
正式譲渡《じょうと》

5　命の可能性《かのうせい》

ピースワンコでは、これまでに680頭を超《こ》える犬が、飼《か》い主《ぬし》との赤い糸に引かれて巣立っていった（もとの飼《か》い主《ぬし》への返還《へんかん》を含《ふく》む）。これは保護《ほご》した総数《そうすう》の約24％にあたるが、「殺処分《さっしょぶん》ゼロ」実現《じつげん》前に比べると、譲渡率《じょうとりつ》はかなり下がっている。

広島県内《ひろしまけんない》で殺処分《さっしょぶん》対象の犬をピースワンコがすべて引き取っているため、保護《ほご》頭数が急増《きゅうぞう》し、譲渡《じょうと》数の割合《わりあい》が低くなってしまうのだ。

また、マギーやムギーのように、子犬で人なつっこい犬であれば、里親《さとおや》希望者は多いが、ピースワンコが引き取る犬の多くは、そんな好条件《こうじょうけん》ではない。

動物愛護《あいご》センターでは現在《げんざい》も、犬が病気やけがで苦痛《くつう》に耐《た》え難《がた》く、助かる見込《みこ》みがない場合にのみ、安楽死《あんらくし》という処置《しょち》を獣医師《じゅういし》が取ることがある。

広島県《ひろしまけん》動物愛護《あいご》センターの場合、安楽死《あんらくし》に至《いた》る犬の数は1年間で約60頭(2016年度)いる。

これは収容《しゅうよう》頭数の約4%だ。

そして、愛護《あいご》センターから譲渡《じょうと》される犬、他の保護団体《ほごだんたい》などに引き取られる犬を除《のぞ》いて、残った犬は、どんな犬であれ、すべてピースワンコが引き取ることになっていた。

この安楽死《あんらくし》の存在を問題にして「殺処分《さっしょぶん》ゼロではない」と批判《ひはん》する人もいるが、ただ苦痛《くつう》の中で死を待つ犬を息絶《た》えるまで生かしておくのは、アニマル・ウェルフェアに大きく反する。

「苦痛《くつう》から解放《かいほう》」し、安らかな死を迎《むか》えさせることもまた、命の尊厳《そんげん》を護《まも》ることだ。

「殺処分《さっしょぶん》ゼロ」とは、苦痛《くつう》の絶頂《ぜっちょう》の中で息絶《た》えるまで、人が手を下さず放置しておくという意味ではない。「救える可能性《かのうせい》のある命をすべて救う」という意味なのである。

命の可能性《かのうせい》があれば、命に順位をつけることなくピースワンコがすべて保護《ほご》する。

その中には、病気やけがが、障《しょう》がいを持つ犬たちも当然いた。

また、それらの犬を連れて帰って、懸命《けんめい》に治療《ちりょう》をしても、その甲斐《かい》なく消えてしまう命もある。これればかりはどうすることもできない。「人事《じんじ》を尽《つ》くし天命《てんめい》を待った」結果だ――。

そんな状況《じょうきょう》でも、命の可能性《かのうせい》は決して潰《つぶ》さない。

一縷《いちる》の可能性《かのうせい》でもつなげるものはつなぎ、あとは天命《てんめい》を待つ――。それがピースワンコの「殺処分《さっしょぶん》ゼロ」への思いだった。

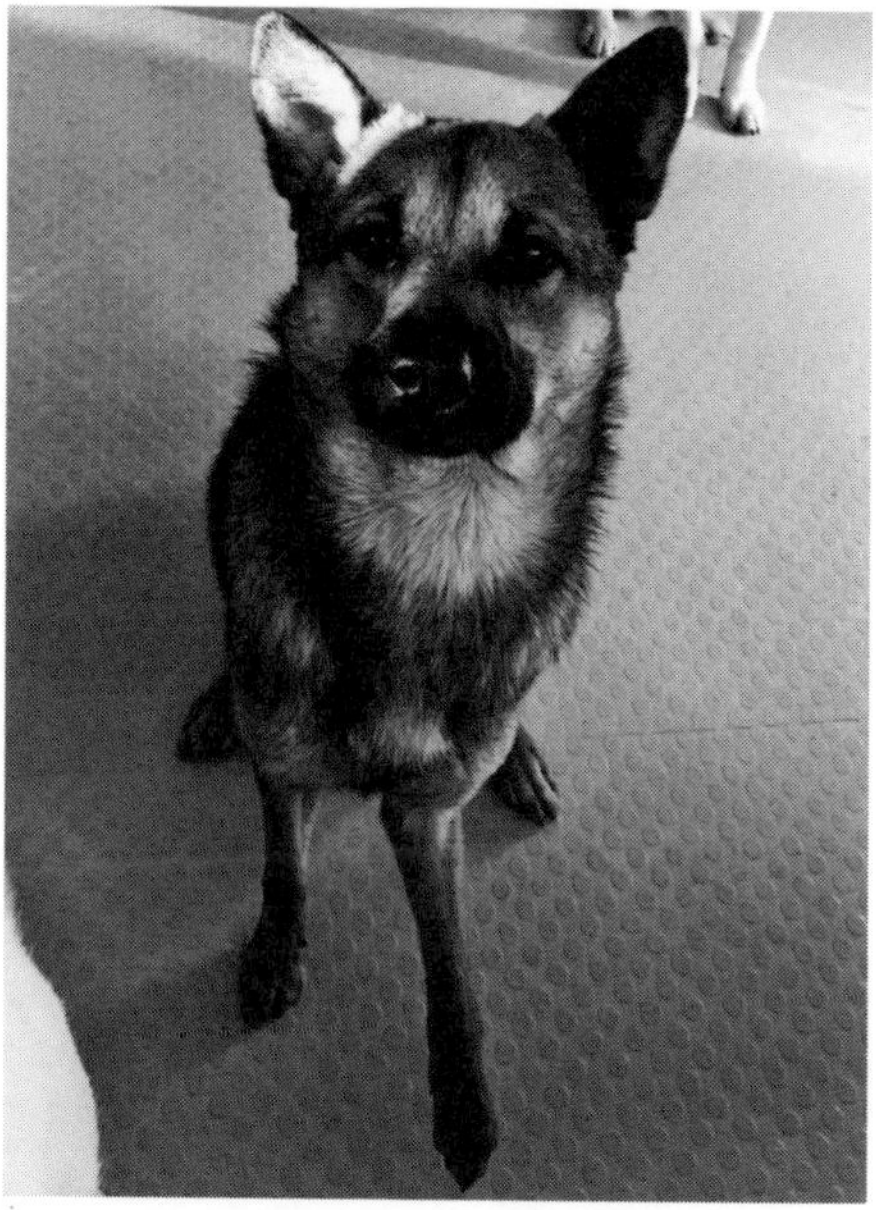
前脚《まえあし》が「く」の字に曲がっているチェン

第１シェルターで飼《か》い主《ぬし》を募集《ぼしゅう》していたチェンは、純子《じゅんこ》らのその思いを一身に背負《せお》った犬だった。
チェンを動物愛護《あいご》センターから引き取ったのは、殺処分《さっしょぶん》ゼロが始まって１カ月が過《す》ぎた、２０１６年５月２日のこと。当時チェンは生後約４カ月の子犬だった。

チェンは保護《ほご》された当時、前脚《まえあし》が内側に「く」の字に曲がり、まったく立つことができず、ほふく前進でしか移動《いどう》できない野犬《やけん》だった。診察《しんさつ》の結果、左右肘《ひじ》関節の脱臼《だっきゅう》と骨折《こっせつ》の疑《うたが》いが見つかった。生まれてまもなく高い所から落ちて骨折《こっせつ》し、そのまま放置して固まってしまったため立てなくなったのだろう、というのがおおよその診断《しんだん》だ。その後のレントゲン検査《けんさ》でも、肘《ひじ》関節変型、上腕骨《じょうわんこつ》変型など関節に次々と異常《いじょう》が見つかった。

今まで生きていたこと自体が奇跡《きせき》だ。愛護《あいご》センターに収容《しゅうよう》されなければ、この先、野犬《やけん》として生きのびることはまず不可能《ふかのう》だっただろう。

その後の専門《せんもん》家の検査《けんさ》でも、チェンの前脚《まえあし》の手術《しゅじゅつ》は不可能《ふかのう》だということがわかった。手術《しゅじゅつ》が不可能《ふかのう》であれば、チェンはこれから先もずっとほふく前進しかできず、立つこともできない。今は子犬で体が小さい分、負担《ふたん》は少ないが、成犬《せいけん》になり体重が増《ま》せば、形成不全《けいせいふぜん》の前脚《まえあし》に間違《まちが》いなく支障《ししょう》が出てくる。痛《いた》み、炎症《えんしょう》など、それは苦痛《くつう》を伴《ともな》うものになるだろう。

その前に何とか処置《しょち》しなくては、チェンは辛《つら》く、苦しい一生を過《す》ごさなくてはならない。

検討《けんとう》した末、純子《じゅんこ》とスタッフは、カイロプラクティックの先生にチェンのケアを依頼《いらい》しようと考えた。カイロプラクティックとは、背骨《せぼね》を中心に骨格《こっかく》のゆがみを人の手で調整し、神経《しんけい》の働きを高めて健康を回復《かいふく》させる自然療法《りょうほう》のこと。骨格《こっかく》のゆがみが原因《げんいん》で、関節の動きが低下して神経《しんけい》の働きが妨《さまた》げられているのだとしたら、その原因《げんいん》を取りのぞくことで治るかもしれない。立てるようになるのかどうかわからないが、可能性《かのうせい》にかけてみたい。そして、こんな状態《じょうたい》でありながらも、生きて自分たちのもとへ来てくれたチェンのために、100%できるだけのことはやってみたいと、純子《じゅんこ》は思った。

チェンはおとなしく、ほとんど吠《ほ》えることがない静かな犬だった。

初めての人には警戒《けいかい》心を見せるが、少し慣《な》れると自分から近づいてきて、なでられると気持ちよさそうにじっとしている。脚《あし》が伸《の》びて立てるようになれば、障《しょう》

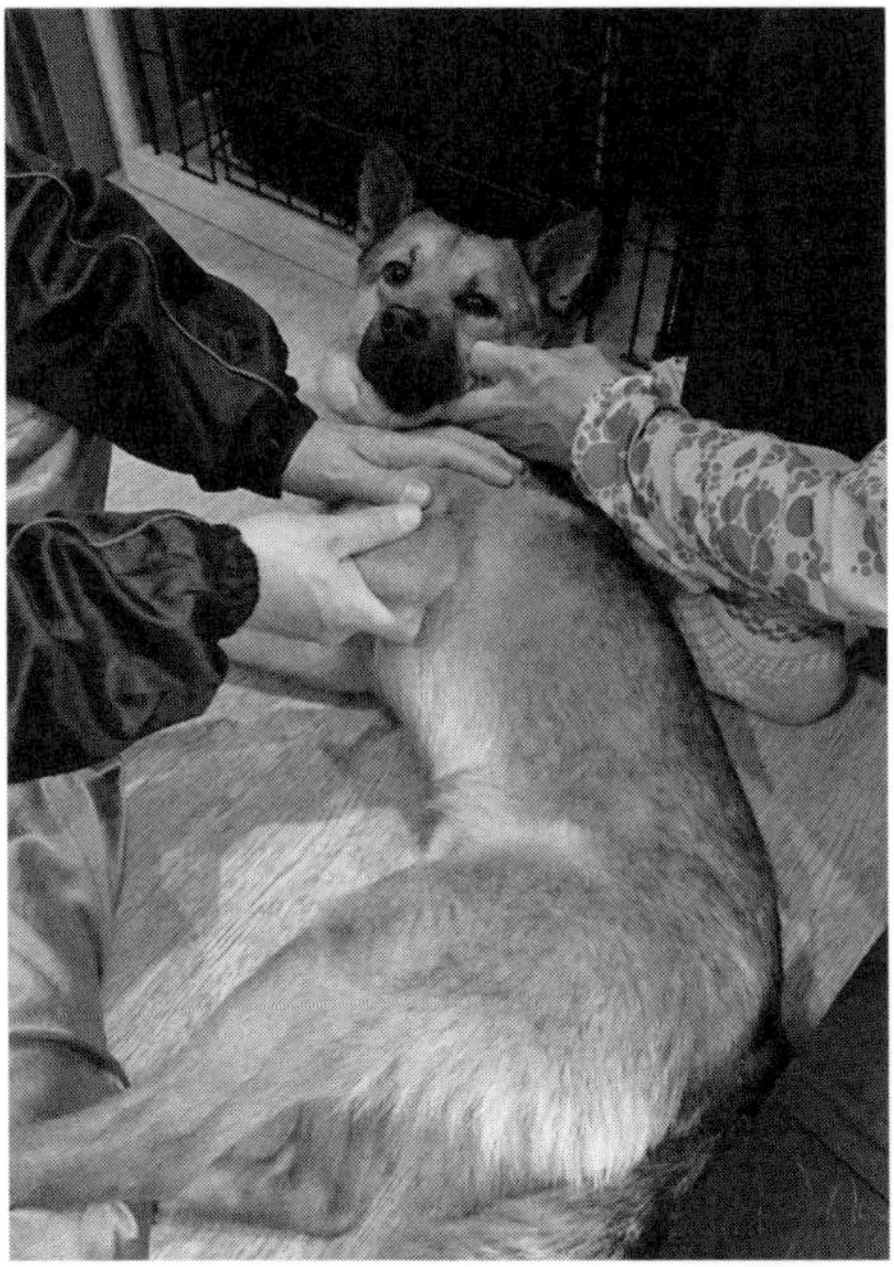

カイロプラクティックの治療《ちりょう》を受けるチェン

がいがあっても、この子を受け入れ、愛してくれる飼《か》い主《ぬし》はきっと現《あらわ》れるだろう。何とか、立てるようになってほしい……。祈《いの》るような気持ちだった。


カイロプラクティックの治療《ちりょう》は、チェンを保護《ほご》した5カ月後の秋に開始された。

「左前脚《まえあし》はかなり変形していたため使っておらず、筋肉《きんにく》がまったくありません。その分、右前《まえ》脚《あし》で補《おぎな》っていたようなので、筋肉《きんにく》はけっこうありますね。肩《かた》は落ちていますが、長さに問題はない。ほふく前進で今まで移動《いどう》していたから、前脚《まえあし》は細いですね。でも、歩きたい気持ちはかなりあって、歩かせようとするとけっこう歩きます」

院長が明るい表情《ひょうじょう》で言った。

治療《ちりょう》に何より大切なのは、本人（チェン）の歩きたいという気持ちだ。

チェンは最初治療《ちりょう》をいやがったが、しばらくして慣《な》れてくると、院長や院長夫人にすり寄《よ》って、膝《ひざ》の上に乗るようになった。人は自分の味方だとチェンはわかっているのだろう。

その日、カイロプラクティックの施術《せじゅつ》を終えたチェンの犬舎《けんしゃ》をのぞいた純子《じゅんこ》は、「あっ！」

と声を上げた。なんと、チェンが立っているではないか！

筋肉《きんにく》がないせいか脚《あし》がおぼつかないが、たしかに4本脚《あし》で立っている。

「チェン！」

純子《じゅんこ》が叫《さけ》ぶと、それに気づいたチェンが一歩前に脚《あし》を踏《ふ》み出《だ》そうとふらふらとよろめいた。

純子《じゅんこ》は犬舎《けんしゃ》の中に入ってあわててチェンを抱《だ》きかかえた。

「チェン！　よかったね。立てるようになったんだね！　よかったね！」

思わず涙《なみだ》が込《こ》み上《あ》げてきた。

チェンは犬一倍歩きたいという気持ちが強い。その気持ちがあれば、歩けるようになるのも時間の問題だ。

院長の見立て通り、カイロプラクティックの治療《ちりょう》は、チェンに劇的《げきてき》な効果《こうか》をもたらした。何より歩きたいというチェンの気持ちが、その効果《こうか》を増大《ぞうだい》させたのだろう。

そして――、ついにチェンは歩いた。前脚《まえあし》に障《しょう》がいが残るものの、痛《いた》がる様子もなく、歩く、歩く、歩く――。散歩が楽しくて仕方がないといった様子だ。

チェンの歩く姿《すがた》は、純子《じゅんこ》の殺処分《さつしょぶん》ゼロへの思いを後押《あとお》しするように、希望の光そのものに見えた。

神奈川県藤沢市《かながわけんふじさわし》にある「ピースワンコ・ジャパン湘南譲渡《しょうなんじょうと》センター」の店長、鈴木香織《すずきかおり》がチェンに初めて会ったのは、チェンがカイロプラクティックを開始して4カ月が過《す》ぎた2017年2月。飼《か》い主《ぬし》を募集《ぼしゅう》する譲渡《じょうと》イベントに参加することになったチェンが、純子《じゅんこ》に連れられて千葉県《ちばけん》の譲渡《じょうと》会場に来た日だった。

噂《うわさ》には聞いていたが、チェンは思っていた以上に人なつっこい犬だった。

香織《かおり》が座《すわ》っていると、静かに近寄《ちかよ》ってきて、膝《ひざ》の上に前脚《まえあし》をかけてべたっと座《すわ》る。

吠《ほ》えることもなければ、威嚇《いかく》もしない。

人との距離感《きょりかん》を本能的《ほんのうてき》に読んで、適度《てきど》な場所からじっと人の様子をうかがっているしぐさは、何ともいえずいじらしかった。

前脚《まえあし》に障《しょう》がいは残るものの、歩くことも問題はない。

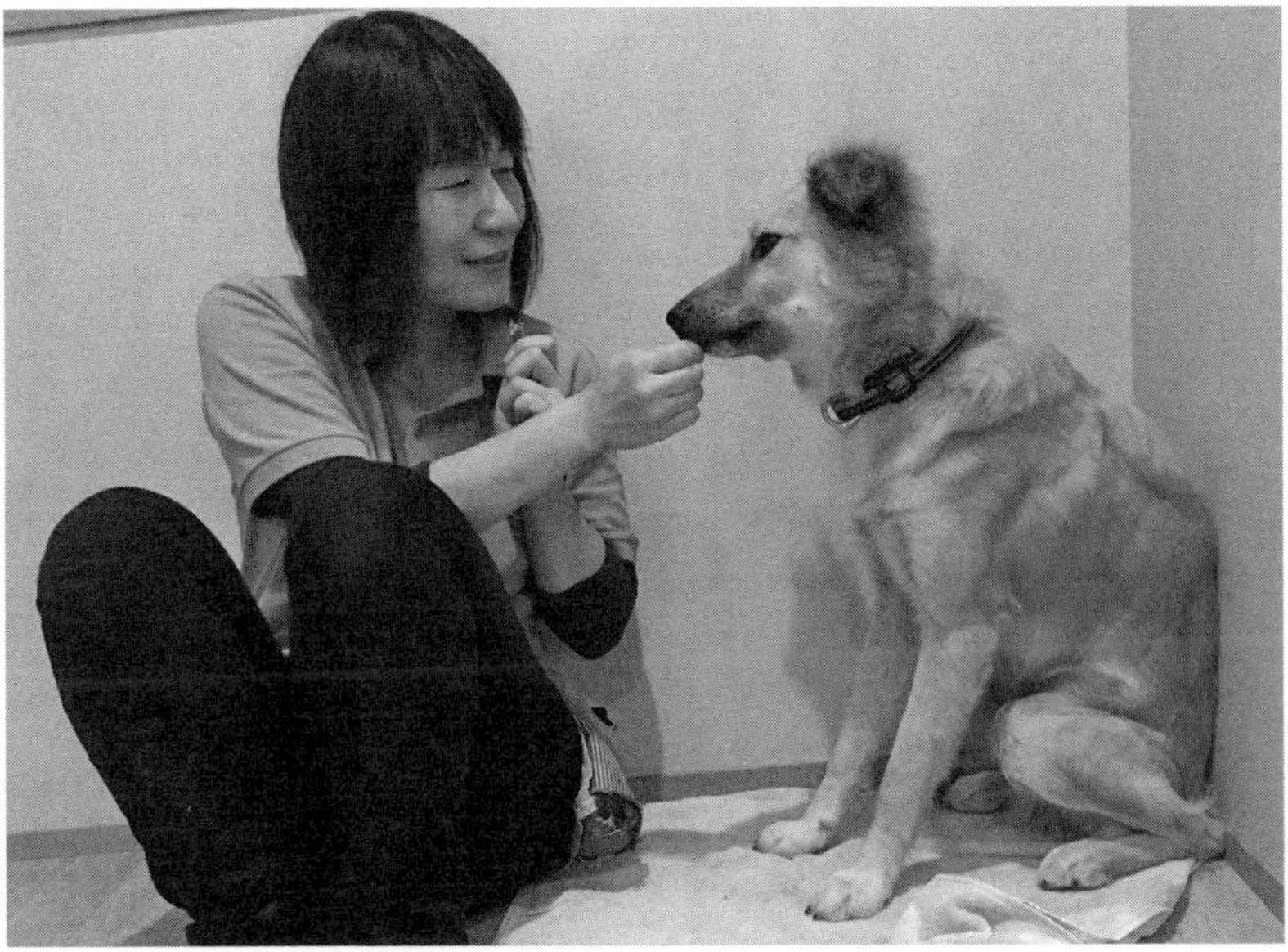

ピースワンコ・ジャパン湘南譲渡《しょうなんじょうと》センター・店長の鈴木香織《すずきかおり》さん

「今回の譲渡《じょうと》会で、飼《か》い主《ぬし》さんが見つかるといいですね」

香織《かおり》はチェンをなでながら純子《じゅんこ》に言った。

「最初はほふく前進しかできなかったから、どうなることかと思ったけど……、何とかここまでになってよかった！」

香織《かおり》の膝《ひざ》の上でべたっと甘えるチェンを見ながら、純子《じゅんこ》は保護《ほご》してからの経緯《けいい》を事細かに説明した。

「障《しょう》がいがあっても、こういう子なら、すぐに里親《さとおや》さん見つかると思います」

香織《かおり》の素直《すなお》な感想だった。

「……うん、私《わたし》もそう思《おも》ってる。チェンは、吠《ほ》えないから集合住宅《じゅうたく》の多い都会向きだよね。それにさ、チェンの障《しょう》がいを理解《りかい》してくれる人って、関東圏《かんとうけん》の方が多いかなあと思って、千葉《ちば》に連れてきたんだ」

香織《かおり》も純子《じゅんこ》の考えにまったく同感だった。

ピースワンコの湘南譲渡《しょうなんじょうと》センターに勤務《きんむ》するまで、香織《かおり》は11年間動物看護師《かんごし》として働き、捨《す》てられたねこの保護《ほご》や譲渡《じょうと》活動に長く関わってきた。

そこで味わったのは、命を放棄《ほうき》する人間への怒《いか》り、そしてそれとは反対に、捨《す》てられた命を家族として迎《むか》える人たちとの温かな出会いだった。

やがて香織《かおり》は、だれかに怒《いか》りを向けるより、だれかの力になることに時間と労力を費やした方が自分自身も幸せだということに気づいた。

そんな中、ピースワンコの保護犬譲渡《ほごけんじょうと》センターのことを知り、保護犬《ほごけん》のために働こうと決心したのである。

香織《かおり》にとっての譲渡《じょうと》活動は「犬と向き合うことで、とことん人と向き合う」ことであった。犬の幸せを決めるのは飼《か》い主《ぬし》である人間だ。その人間と向き合うことこそが、犬の幸せにつながると考えているからだった。

どんな人ならチェンを幸せにできるだろう……。香織《かおり》はチェンをじっと見ながら考えたが、やはり純子《じゅんこ》が言うように、この首都圏《けん》で縁《えん》がありそうな気がした。

障《しょう》がいを持ち、野犬《やけん》として保護《ほご》されながら、だれの膝《ひざ》の上でも乗ってくる人なつっこさは、チェンの生まれ持った才能《さいのう》だ。

この才能《さいのう》を存分《ぞんぶん》に理解《りかい》してくれる「だれか（飼《か》い主《ぬし》）」は、都会にいる可能性《かのうせい》が高いのではないか。例えば仕事で、日々忙《いそが》しく、会社までの道のりを満員電車に乗って通うような人が求めているのは、チェンが持っているような、独特《どくとく》な静かな癒《い》やしなのではないか。

チェンがめったに吠《ほ》えないことも、密集《みっしゅう》している住宅地《じゅうたくち》の都会なら大きなメリットになるはず――。

しかし、香織《かおり》の思いとは裏腹《うらはら》に、千葉《ちば》でおこなわれた譲渡《じょうと》会で、チェンは赤い糸を見つけることはできなかった。

もう少し時間があれば、という香織《かおり》の気持ちは満たされぬまま、チェンは翌日《よくじつ》、純子《じゅんこ》とともに神石高原町《じんせきこうげんちょう》に戻っていった――。

☆

東京都江東区《とうきょうとこうとう》に住む会社員、山本弘子《やまもとひろこ》はピースワンコのホームページの写真を見て、一目でチェンが気に入った。

ピンと立った耳、黒い鼻。推定年齢《すいていねんれい》は1歳《さい》3カ月。

里親募集中《さとおやぼしゅう》の犬はピースワンコのホームページ上にざっと30匹《ぴき》はいたが、弘子《ひろこ》の目にはチェンしか映《うつ》らなかった。チェンは7年前に亡《な》くなった実家の犬にとてもよく似《に》ていたのだ。

犬を飼《か》いたいと夫の航《わたる》に相談してから、早1年。そのために、半年前に犬が飼《か》える分譲《ぶんじょう》マンションまで購入《こうにゅう》した。しかし、準備《じゅんび》が万全に整い、いよいよ犬を迎《むか》えるとなっても、「この子だ！」と思える犬に弘子《ひろこ》はなかなか出会えずにいた。それでも、弘子《ひろこ》も航《わたる》も、ペットショップやブリーダーから犬を購入《こうにゅう》するという考えはさらさらない。そもそも血統書《けっとうしょ》や純血種《じゅんけつ》の犬に興味《きょうみ》はなかったし、犬を飼《か》うのなら、さまざまな事情《じじょう》で飼《か》い主《ぬし》がおらず、保護《ほご》されている「保護犬《ほごけん》」を引き取りたいと決めていた。何より行き場のない命を預《あず》かることは、社会貢献《こうけん》にもつながると考えたからだ。

そうと決まると、今は便利な時代。ネットを駆使《くし》すれば「犬の里親募集《さとおやぼしゅう》」のサイトがたくさんある。情報《じょうほう》だけは事欠かないと弘子《ひろこ》は思ったが、数はいても、なぜか「この子」という犬が見つからない。こちらの条件《じょうけん》といえば、マンションの管理規約《きやく》に書かれている「飼育可能《しいくかのう》な犬の大きさ」くらいで、「こんな子」とはっきり言えるほど心に決めた姿《すがた》・形の好みはとくになかった。

すぐに出会えると思ったのに……。

ピースワンコの活動について知ったのは、そんな矢先だった。

そして、ピースワンコのホームページを開いたとたん、「この子！」と思えるチェンを見つけたのである。

「場所は……広島県《ひろしまけん》？　神石高原町《じんせきこうげんちょう》？　どこ、それ？　遠いなあ……」

弘子《ひろこ》はパソコンを見つめながらため息をついた。

何はさておき、まずは夫の航《わたる》の意見を聞いてみなければならない。

弘子《ひろこ》はスマートフォンを手に取り、さっそく航《わたる》にラインでチェンの写真とメッセージを送った。


〝ピースワンコって保護団体《ほごだんたい》のＨＰで、見つけた　めっちゃ、かわいくない？？〟


これからどうするかはさておき、やっと「この子！」と思える犬を見つけたのだ。その思いだけは航《わたる》にも伝えたい。

航《わたる》が仕事から帰ってくると、弘子《ひろこ》は待ってましたとばかりに、写真片手《かたて》にチェンのことを猛《もう》アピールした。

「ほら！　ほら！　この黒い鼻、かわいいでしょう？　目も見て、かわいいでしょう！」

「そんなに気に入ったのなら、見に行ってもいいけど……広島《ひろしま》だろ？」

「そこなんだよね……。でも、ピースワンコのホームページを見てみると、ここは広島《ひろしま》だけじゃなく、神奈川県藤沢市《かながわけんふじさわし》と東京都世田谷区《とうきょうとせたがやく》にも譲渡《じょうと》センターっていうのがあるみたい。世田谷《せたがや》ならすぐだから、行って相談してみようよ。もしかしたら、東京《とうきょう》の方に連れてきてもらえるかもしれないよ」

「……うん……いいけど……」航《わたる》はしぶしぶ返事をした。

航《わたる》はそもそも犬が苦手だった。

母親が動物ぎらいだったため、子どものころに動物を飼育《しいく》した経験《けいけん》もなかったし、犬はかむから怖《こわ》い、というイメージがずっとあったのだ。

しかし結婚《けっこん》してからは、事情《じじょう》が少し変わった。妻《つま》の弘子《ひろこ》は犬が大好きで、どうしても犬を飼《か》いたいという。ならば、夫として妻《つま》の願いを叶《かな》えたいと思うのは当然だ。そのためにマンションまで購入《こうにゅう》したのである。今さら反対する理由はどこにもない。

数日後の休日、さっそく2人は東京都世田谷区桜丘《とうきょうとせたがやくさくらがおか》にあるピースワンコ・ジャパン世田谷《せたがや》譲渡《じょうと》センターに行ってみることにした。

譲渡《じょうと》センターは、想像《そうぞう》していたより立派《りっぱ》なつくりだった。大きな犬舎《けんしゃ》にそれぞれ譲渡《じょうと》対象の犬が入っていて、清潔《せいけつ》でにおいもまったくない。犬の数は多くはないが、手入れはとてもよく行《ゆ》き届《とど》いていた。

弘子《ひろこ》は一通りセンター内を見て回ると、案内をしてくれたスタッフにチェンのことを聞いた。

「広島《ひろしま》の神石高原町《じんせきこうげんちょう》にいるチェンちゃんを家族として迎《むか》えたいのですが、こちらに連れてきていただくことはできないのでしょうか」

「ここにいる犬はみな広島《ひろしま》の神石高原町《じんせきこうげんちょう》のシェルターから来ていますが、移動《いどう》は犬にとってかなりのストレスになりますので、みなさまのリクエストにすべてお応《こた》えすることは、残念ですが難《むずか》しいです。たいへんお手数ですが、チェンを気に入っていただけたのであれば、神石高原《じんせきこうげん》までチェンに会いに行っていただけませんでしょうか？　人と犬、互《たが》いの相性《あいしょう》もあります」

たとえ、弘子《ひろこ》たちが気に入っても、飼《か》い主《ぬし》としての条件《じょうけん》が揃《そろ》わなかったり、犬自身がその希望者を気に入らなければ、譲渡《じょうと》は成立しないのだということを、スタッフはていねいに説明した。

ずいぶん審査《しんさ》が厳《きび》しいんだなあ、と航《わたる》は思った。

譲渡《じょうと》センターからの帰り道、弘子《ひろこ》はあまり口を利《き》かなかったが、電車の中で「広島《ひろしま》まで行くしかないなあ……ないよね？」とぽつりとこぼした。

チェンという犬をあきらめられなかったのだ。

普通《ふつう》の雑種《ざっしゅ》にしか見えないチェンのどこがそんなにいいのか、航《わたる》にはわからなかったが、弘子《ひろこ》の気持ちは大切にしたいと思った。

「チェンがいるのは神石高原町《じんせきこうげんちょう》ってとこでしょ？　東京《とうきょう》から新幹線《しんかんせん》で福山《ふくやま》まで3時間半、そこからレンタカーで1時間くらいかなあ……けっこうあるね……日帰りはむり」

弘子《ひろこ》はスマートフォンの乗《の》り換《か》えソフトと地図を検索《けんさく》しながら言った。

航《わたる》はシフト制《せい》の勤務《きんむ》のため、土日が休日の弘子《ひろこ》と同じ休みになることがあまりない。

広島《ひろしま》まで行くとなれば、仕事の調整も必要だった。

「でも、どんな子か、見てみないとわからないよなあ。さっきの譲渡《じょうと》センターにも1匹《ぴき》いたけど、あんなふうにワンワンよく吠《ほ》える犬はおれは勘弁《かんべん》……。マンションだし、吠《ほ》えられると近所にも迷惑《めいわく》がかかる。あんまり吠《ほ》えない犬がいいよ」

「そればっかりは、実際《じっさい》に会ってみないとわからないよ」

たしかにその通りだ。こうして写真を前に2人で話していても、何も始まらない。相性《あいしょう》がどうなのか、どんな犬なのかを知るためには、実際《じっさい》に会うしかない。

チェンのことを話していると、あっという間に自宅最寄《じたくもよ》り駅に到着《とうちゃく》した。

弘子《ひろこ》の頭の中は駅から自宅《じたく》までの道のりもずっと、チェンのことでいっぱいだった。


それからしばらく経《た》っても、弘子《ひろこ》はチェンのことをあきらめきれなかった。

簡単《かんたん》に会えないとなると、ますます会いたくなるのが人情《にんじょう》だ。

こうなったら広島《ひろしま》まで行くしかない。とにかく会って、チェンをこの目で見るしかない。弘《ひろ》子《こ》の熱意に航《わたる》も反対はしなかった。

そうと決まったら、神石高原町《じんせきこうげんちょう》のシェルターに連絡《れんらく》をして、チェンに会いに行くことを伝えなくてはならない。

「その前に……と……」

弘子《ひろこ》はホームページを開き、里親募集《さとおやぼしゅう》に掲載《けいさい》されているチェンをもう一度見ておこうと思った。

「あれ？」

いない！　何度探《さが》してもいない！　あるべきところにあるはずのチェンの写真が、ホームページから忽然《こつぜん》と姿《すがた》を消していた。すでに里親《さとおや》が決まってしまったのだろうか。

弘子《ひろこ》はまっ青になって、神石高原町《じんせきこうげんちょう》の事務所《じむ》に電話をかけた。

「あの……、そちらの施設《しせつ》にいたチェンちゃんがホームページからいなくなっていたのですが……、もう飼《か》い主《ぬし》さんが決まったのでしょうか？」

あせってうまく言葉が出ない。

「チェンですか……、少々お待ちください」

電話が保留音《ほりゅう》になった。弘子《ひろこ》の中に後悔《こうかい》が湧《わ》き上《あ》がってきた。

どうしてもっと早く、決断《けつだん》しなかったのか――。

「お待たせしました。チェンはですね、つい先日、移動《いどう》になりまして、現在《げんざい》、関東《かんとう》の湘南譲《しょうなんじょう》渡《と》センターにおります」

「えー！　湘南《しょうなん》ですか？　湘南《しょうなん》って、神奈川県《かながわけん》の湘南《しょうなん》？　ですか」

「そうです。神奈川県藤沢市《かながわけんふじさわし》です」

こんなことがあるのだろうか。天にも昇《のぼ》りたい気持ちだった。

チェン自身が関東《かんとう》の譲渡《じょうと》センターにやってきてくれたのだ。チェンは弘子《ひろこ》の自宅《じたく》から電車で1時間ほどの湘南《しょうなん》にいる。これで仕事のスケジュールを2人でやりくりして、広島《ひろしま》まで行く必要はなくなった。

迷《まよ》いは完全に消えた。チェンは「運命の犬」だと弘子《ひろこ》は思った――。

☆

神石高原町《じんせきこうげんちょう》のスタッフから店長の香織《かおり》に電話が入ったのは、チェンが湘南《しょうなん》に来てわずか2

日後だった。

チェンの飼《か》い主《ぬし》希望者が現《あらわ》れた――。その夫婦《ふうふ》は東京都在住《とうきょうとざいじゅう》だという。

事《こと》の成り行きをスタッフから聞き、香織《かおり》はわれながらあっぱれだと思った。大正解《だいせいかい》だ。じつは2月の千葉《ちば》のイベントでチェンと会って以来、チェンは関東圏《かんとうけん》の里親《さとおや》向きだと判断《はんだん》した香織《かおり》が、3月の移動《いどう》でチェンを湘南《しょうなん》に回してほしいと、自ら願い出たのである。

現在《げんざい》、譲渡《じょうと》センターは神石高原町《じんせきこうげんちょう》のティアハイムをはじめ、計5施設《しせつ》あるが、その土地柄《がら》によって、飼《か》い主《ぬし》たちのライフスタイルも好みもいろいろあるため、ピースワンコでは犬たちを定期的に移動《いどう》させて、よりよい縁《えん》に結びつけられるよう工夫をしている。

香織《かおり》の勘《かん》は見事的中したが、こんなにも早くチャンスが訪《おとず》れるとは思ってもみなかった。

その翌日《よくじつ》、里親《さとおや》希望者の山本弘子《やまもとひろこ》がさっそくチェンに会いに来た。翌々日《よくよくじつ》には嬉々《きき》とした表情《ひょうじょう》で、夫の航《わたる》を連れて再《ふたた》びやってきた。

犬が苦手な航《わたる》は、香織《かおり》らスタッフのアドバイスで、チェンの犬舎《けんしゃ》に入り、チェンにそっとグーの手を出した。これが最初の犬とのあいさつの仕方だ。

「正面ではなく、横にそっと腰《こし》を下ろしてください」

スタッフに促《うなが》され、航《わたる》はチェンの隣《となり》にそっと座《すわ》った。

チェンは航《わたる》を警戒《けいかい》するように目を逸《そ》らしていたが、威嚇《いかく》したり吠《ほ》えたりすることもなく静かだった。

「ぼくのことが好きじゃないのかなあ……」

航《わたる》がこぼすと、「ここに来るボランティアさんのほとんどが女性《じょせい》なので、犬たちは基本《きほん》、女《じょ》性《せい》の方に心を開きやすいんです。慣《な》れると問題ありません」

香織《かおり》が言うと、航《わたる》はそんなもんかという顔で、チェンを見て、スタッフのアドバイス通り、トリーツ（おやつ）を床《ゆか》に置いた。チェンが鼻でクンクンとにおいを嗅《か》ぎ、それを食べた。

トリーツをあげながら、徐々《じょじょ》に慣《な》れさせていく作戦だ。

慣《な》れてきたらトリーツを自分のやや近くに置く。さらに慣《な》れてきたら、もっと近く――。

そして、手に乗せて与《あた》えてみる。何度もそれをくり返した後、スタッフがトリーツを膝《ひざ》の上に置くよう航《わたる》にアドバイスした。

航《わたる》は言われた通り、トリーツを自分の膝《ひざ》に置くと、チェンが及《およ》び腰《ごし》になりながら、トリーツ欲《ほ》しさに航《わたる》の膝《ひざ》に前脚《まえあし》をかけた。こうして30分が経《た》ったころ、チェンは航《わたる》の膝《ひざ》の上に乗ってトリーツを口にした。そうなると、あとはべったり航《わたる》の膝《ひざ》に乗ったままだ。

それを見て、だれよりほっとしたのは香織《かおり》だった。一番大切な場面でチェンは才能《さいのう》を発揮《はっき》したのだ。弘子《ひろこ》はもとよりチェンを気に入っていたし、女性《じょせい》である弘子《ひろこ》の膝《ひざ》にチェンが乗ることに時間はかからなかった。問題は、犬が苦手な夫の航《わたる》がチェンをどう受け入れるか、また、チェンがどう航《わたる》を受け入れるかだったが、まずは第一関門突破《とっぱ》だ。

それから毎週、弘子《ひろこ》と航《わたる》は電車を乗《の》り継《つ》いで、チェンに会いに湘南譲渡《しょうなんじょうと》センターに通った。散歩の体験、ふれあいタイム、互《たが》いの信頼《しんらい》関係を築《きず》くまでには時間がかかる。

また、犬を迎《むか》えるためには心の準備《じゅんび》も必要だ。日常《にちじょう》ががらりと変わるためスケジュール調整をしたり、生活そのものも見直さなくてはならない。費用面での負担《ふたん》も大きい。

チェンは前脚《まえあし》に障《しょう》がいがあるため、リハビリの歩行訓練を譲渡《じょうと》後も続けることがピース

チェンの飼《か》い主《ぬし》　山本弘子《やまもとひろこ》さんと航《わたる》さん

やさしい弘子《ひろこ》さんに支えられて、
笑顔のチェン

ぼく、幸せになるよ！

ワンコからの条件《じょうけん》だった。リハビリトレーニングは、プロのドッグ・トレーナーに頼《たの》むため、普通《ふつう》の犬以上に費用がかかる。それでも、弘子《ひろこ》たち夫婦《ふうふ》はいやな顔一つせず、チェンを迎《むか》えるための準備《じゅんび》を着々と進めていった。

その姿《すがた》は、香織《かおり》たちスタッフにとても真摯《しんし》に映《うつ》った。

こうして、弘子《ひろこ》たちが湘南譲渡《しょうなんじょうと》センターに通い始めて1カ月が過《す》ぎた春の朝、チェンは運命の赤い糸を見つけて、弘子《ひろこ》と航《わたる》のもとへ巣立っていった。

祝・チェン無事卒業――。

湘南譲渡《しょうなんじょうと》センターの香織《かおり》からチェンの譲渡報告《じょうとほうこく》を受けた純子《じゅんこ》は、動物愛護《あいご》センターからチェンを引き取った日のことを思った。

あれから1年が過《す》ぎていた。

命の可能性《かのうせい》は絶対に潰《つぶ》さない――。

チェンは、その可能性《かのうせい》を純子《じゅんこ》に証明《しょうめい》してくれた犬でもあった。

6　それぞれの居場所《いばしょ》

春の日差しがまぶしい譲渡《じょうと》会場には、たくさんの保護団体《ほごだんたい》と犬たちが参加していた。暑からず寒からずのこの時期は、犬に負担《ふたん》もなく譲渡《じょうと》会に最適《さいてき》だ。

「今日こそは……」

神奈川県藤沢市《かながわけんふじさわし》にある高齢者福祉施設運営《こうれいしゃふくししせつうんえい》会社「アプルール」に勤務《きんむ》する篠原里代子《しのはらりよこ》の気持ちに、まったく変わりはなかった。

どうしても保護犬《ほごけん》を迎《むか》えたい――。

しかし今まで、どこの保護団体《ほごだんたい》に問い合わせても、譲渡《じょうと》はむりだという。

何度も譲渡《じょうと》会に出かけて保護犬《ほごけん》の譲渡《じょうと》を求めたが、どの団体《だんたい》からも譲渡《じょうと》できないと断《ことわ》られた。それでもあきらめるわけにはいかない。

その日も職場《しょくば》近くの海浜《かいひん》公園で、犬・ねこの譲渡《じょうと》イベントが開催《かいさい》されることを知った里代《りよ》子《こ》は、同じ職場《しょくば》で人事部長を務《つと》める高橋祐子《たかはしゆうこ》と、高齢者施設《こうれいしゃしせつ》長の加藤愛《かとうあい》といっしょに、犬を探《さが》しにイベントに出かけることにした。

このイベントは神奈川県《かながわけん》内の犬・ねこの「殺処分《さっしょぶん》ゼロ」を目的とした催《もよお》し物《もの》の一つで、複《ふく》数《すう》の保護団体《ほごだんたい》が、譲渡犬《じょうとけん》を連れて「新しい飼《か》い主《ぬし》をみつける里親《さとおや》会」に参加していた。桜《さくら》の花びらが散った後の休日は、多くの人でごった返している。

3人は一日かけてゆっくりと譲渡《じょうと》会場を回ろうと決めていた。里代子《りよこ》たちが迎《むか》えたいと思っていたのは、若《わか》い小型犬。

3人はその条件《じょうけん》を満たす犬を探《さが》すため、別々に譲渡《じょうと》会場のブースを回ることにした。なるべく多くの犬を見るためだ。条件《じょうけん》に合う犬を見つけたら3人で相談して決めるつもりだが、その前に自分たちに犬を譲《ゆず》ってくれるのかどうかが、最大の難関《なんかん》だった。

そんなことを考えながら譲渡《じょうと》会を回っていた里代子《りよこ》は、リードにつながれて元気にしっぽを振《ふ》っている数匹《すうひき》の犬に目をとめた。

条件《じょうけん》に合う小型犬とはまるで違《ちが》うが、時間はたっぷりある。里代子《りよこ》は、軽い気持ちでブースに近づいていった。

保護団体《ほごだんたい》の名前は「ピースワンコ・ジャパン」というらしい――。

「こんにちは！」

背《せ》の高いすらりとした女性《じょせい》が、里代子《りよこ》に笑顔で声をかけてきた。

首からぶら下げたネームプレートには、大西純子《おおにしじゅんこ》と書いてある。

里代子《りよこ》はあいさつを返すと、ダメもとで「法人《ほうじん》でも譲《ゆず》っていただけるのですか」と聞いた。

「法人《ほうじん》ですか？」

純子《じゅんこ》は笑顔を崩《くず》さず、「どんなご事情《じじょう》でしょうか？」と里代子《りよこ》を見ながら聞いた。

ダメですとは言わない。どうやら、今までの団体《だんたい》とは少し様子が違《ちが》うようだ。

里代子《りよこ》は一瞬迷《いっしゅんまよ》ったが、断《ことわ》られるのを覚悟《かくご》で、「じつは、高齢者施設《こうれいしゃしせつ》で飼《か》う犬を探《さが》しているのです」と言った。

「ご家庭ではなく、高齢者施設《こうれいしゃしせつ》の犬としてですか？」

「はい！　私《わたし》は、藤沢《ふじさわ》のアプルールという高齢者福祉施設《こうれいしゃふくししせつ》の運営《うんえい》会社で働いている者なのですが、その施設《しせつ》で飼《か》える犬を探《さが》しているのです……」

純子《じゅんこ》はその続きを聞いてくれそうな気配だ。

「どんなワンちゃんをお探《さが》しですか？」

前向きに話が進みそうだと判断《はんだん》した里代子《りよこ》は、自分たちの悩《なや》みを一気に打ち明けた。

「私《わたし》どもの運営《うんえい》する高齢者施設《こうれいしゃしせつ》で飼《か》える犬を探《さが》しているのですが、どこの保護団体《ほごだんたい》さんにも断《ことわ》られました。会社や施設《しせつ》などで飼《か》うなら譲渡《じょうと》できないというのです」

「法人《ほうじん》には譲《ゆず》れない？」

「おっしゃるとおりです」

「……そうですか……」純子《じゅんこ》は考えるように、しばらく黙《だま》ってしまった。

多くの犬・ねこの保護団体《ほごだんたい》は、家族の一員として犬を家庭に迎《むか》え入《い》れ、生涯《しょうがい》大切に世話をしてほしいという希望を持っている。飼《か》い主《ぬし》が特定されない法人《ほうじん》への譲渡《じょうと》は、犬にとってふさわしくないという考えなのだ。

「ピースワンコさんも、施設《しせつ》への譲渡《じょうと》はしてくれないのでしょうか」

ダメもとで聞いた里代子《りよこ》だったが、純子《じゅんこ》はいとも簡単《かんたん》に「そんなことはありませんよ」と返した。

「私《わたし》たちの譲渡《じょうと》の考えは、犬が来たことで人が笑顔になれる、幸せになれるということ。そして、犬にとってもそこがすばらしい居場所《いばしょ》で、うれしい、楽しいがある、ということです」

里代子《りよこ》の顔がぱっと明るくなった。

「どんなに一般的《いっぱんてき》に理想とされる家庭の構図《こうず》でも、それがその犬にとってふさわしくなければ、譲渡《じょうと》できませんし、逆《ぎゃく》に施設《しせつ》でも犬が幸せになれる環境《かんきょう》があれば、譲渡《じょうと》は問題ないと思います。……ところで、どんなワンちゃんをお探《さが》しですか？」

純子《じゅんこ》が聞くと、「高齢者施設《こうれいしゃしせつ》なので、小型犬がいいのですが」と里代子《りよこ》は即答《そくとう》した。

「うーん、うちの保護犬《ほごけん》のほとんどは、もと野良《のら》なので、小型犬はいませんねえ……」

「小型犬を希望する理由は、ホームとして受け入れる場合、まずご入居《にゅうきょ》されている高齢者《こうれいしゃ》の安全のことを考えなくてはならないからです」

里代子《りよこ》は一歩踏《ふ》み込《こ》んだ話を純子《じゅんこ》に始めた。

大型犬の場合、たとえかむような事故《じこ》はなくても、興奮して高齢者《こうれいしゃ》に飛びつけば、間違《まちが》いなく転倒《てんとう》してしまい、それが原因《げんいん》で骨折《こっせつ》や寝《ね》たきりになってしまう危険《きけん》がある。

「そんなわけで、大型犬はまずむりです」

「そうですね。犬に悪気はなくても、うれしくてつい飛びついてしまうこともあるかもしれません。でも、多少大きくても、ある程度《ていど》、高齢《こうれい》になった犬なら、性格《せいかく》も落ち着いていて興奮《こうふん》することもないと思いますよ」

「それも難《むずか》しいんです。高齢犬《こうれいけん》の場合、高齢者《こうれいしゃ》の身体的な安全が確保《かくほ》されても、別の問題が残ります」

「別の問題ですか?」

純子《じゅんこ》が首をかしげると、里代子《りよこ》が続けた。

「私《わたし》どもの施設《しせつ》では、施設入居《しせつにゅうきょ》で泣く泣くペットを手放された方も多いのです。施設《しせつ》の犬が先に死んでしまったら、それこそ利用者さんは大きな喪失感《そうしつかん》を味わうことになります。ご高齢《こうれい》の方には子どものように動物に深い思いを寄《よ》せる方が多く、そういった喪失感《そうしつかん》をなるべくもたらさないように、というのが私《わたし》たちの願いです」

「ブリーダーさんやペットショップなら小型犬の子犬がすぐに買えますが、保護犬《ほごけん》を迎《むか》えたいのですか？」

純子《じゅんこ》が聞くと、里代子《りよこ》は「保護犬《ほごけん》以外考えていません」ときっぱりと言った。

アプルールが保護犬《ほごけん》にこだわるのは、行き場のない命を受け入れ、大切にすることは、大きな社会貢献《こうけん》につながると考えているからだった。

また、保護犬《ほごけん》が来ることになれば、犬のトレーナーを職員《しょくいん》として雇《やと》うことも決まっているという。里代子《りよこ》は純子《じゅんこ》を真剣《しんけん》に見つめながら、自分たちの思いをさらに打ち明けた。

「私《わたし》たちの会社では、犬を介護《かいご》スタッフの一員として迎《むか》え入《い》れ、お年寄《としよ》りが犬とふれあうことで笑顔になってくれたら、と考えています。そういった人たちは犬とふれあうことで、身体機能《きのう》も高まります。例えば、歩けなかったはずのお年寄《としよ》りが、セラピードッグとふれあいを続けることで、車いすから立ち上がったという話はめずらしくありません」

「なるほど……例えば、今のお話からすると、あの子なんかすごく向いていると思います。生後8カ月ですから若《わか》いですし、性格《せいかく》も申し分ありません。ただ、小型犬ではないですけどね」

純子《じゅんこ》が冗談《じょうだん》っぽく笑いながら、「ターチ！」と犬の名前を呼《よ》んだ。

里代子《りよこ》が純子《じゅんこ》の視線《しせん》の方に振《ふ》り向《む》くと、ボランティアスタッフがターチを連れて歩いてきた。

「この子です」

「かわいい！」自然と里代子《りよこ》の口から出た言葉だった。今まで話に夢中《むちゅう》で、参加していた犬を全部見ていなかったことに里代子《りよこ》は気づいた。

里代子《りよこ》も保護犬《ほごけん》を家族として飼《か》っている。よく見ると、ターチは里代子《りよこ》の犬ととてもよく似《に》ていた。里代子《りよこ》は一目でターチを気に入った。

はつらつとしてあどけなさが残る子犬ながら、それなりに落ち着きもある。

小型犬では決してないが、プロのトレーナーにトレーニングをしてもらい、高齢者《こうれいしゃ》とふれあう時にスタッフが注意して見ていれば、問題なさそうだ。

里代子《りよこ》はしばらくターチをなでてふれあっていたが、「ちょっと待っていてください。施設《しせつ》長がいっしょに来ているので呼《よ》んできます」と言い残し、近くのブースにいた加藤愛《かとうあい》を呼《よ》びに行った。

高齢者《こうれいしゃ》のことをもっともよく知る施設現場《しせつげんば》の意見は欠かせない。

愛《あい》の腕《うで》をつかんで戻《もど》ってきた里代子《りよこ》は、「この子！　どう？　かわいいでしょう」と言った。愛《あい》もしばらくの間、ターチをなでていたが、ターチをお世辞抜《ぬ》きで気に入ったようだった。

里代子《りよこ》としては、即決《そっけつ》して申《もう》し込《こ》みたい気持ちだったが、自分の家族として飼《か》うわけではないし、ターチは施設《しせつ》が希望する「小型犬」の条件《じょうけん》には当てはまらない。

どうしたものかと、いっしょに来ていたもう一人の高橋祐子《たかはしゆうこ》を探《さが》したが、どこのブースに行ったのか、姿《すがた》が見当たらない。休日の譲渡《じょうと》会はそれほど大にぎわいだった。

「すみません……私《わたし》としましては、今すぐにでも、と言いたいのですが、勝手に決めることができませんので、このお話一度持ち帰って、会社の者と相談させていただいてもよいでしょうか」

「もちろんです。会社のみなさんが賛成《さんせい》でないと、うちとしてもお譲《ゆず》りするわけにはいきません。ご縁《えん》があるようでしたら、ターチのいる湘南譲渡《しょうなんじょうと》センターまでご連絡《れんらく》ください」

純子《じゅんこ》はそう言うと、近くで接客《せっきゃく》に当たっていた湘南譲渡《しょうなんじょうと》センターの鈴木香織《すずきかおり》を呼《よ》び寄《よ》せ、里代子《りよこ》に紹介《しょうかい》した。

「お近くですので、いつでも遊びに来てください」

香織《かおり》は里代子《りよこ》にあいさつすると、自分の名刺《めいし》を差し出した。

里代子《りよこ》はターチに「また会おうね」と手を振《ふ》ると、ピースワンコのブースをあとにした。

☆

里代子《りよこ》と人事部長の高橋祐子《たかはしゆうこ》が、湘南譲渡《しょうなんじょうと》センターに鈴木香織《すずきかおり》をひょっこりと訪《たず》ねてきたのは、それからしばらく経《た》ってのことだった。

香織《かおり》も海浜《かいひん》公園でのイベントに出ていたので、アプルールの事情《じじょう》や条件《じょうけん》は、おおよそ承知《しょうち》している。

「あれから他の譲渡会《じょうとかい》にも何度か行ったのですが、どうしてもターチのことが気になって、来てしまいました」

里代子《りよこ》は香織《かおり》に笑顔であいさつをすると、「イベントの時には他のブースに行ってごあいさつできなかったのですが、弊社《へいしゃ》の人事部長です」と祐子《ゆうこ》を紹介《しょうかい》した。

高齢者施設《こうれいしゃしせつ》で犬を飼《か》うのに人事部長まで来るのか……。真剣《しんけん》だなと香織《かおり》は驚いた。

その香織《かおり》の表情《ひょうじょう》を見抜《みぬ》いたかのように、「施設《しせつ》で飼《か》う犬は、私《わたし》たちにとってはスタッフなんです」と冗談《じょうだん》っぽく祐子《ゆうこ》が言った。

なるほど。スタッフならば人事部の管轄《かんかつ》だ。

大いに納得《なっとく》した香織《かおり》は、うなずきながら笑顔を返した。

香織《かおり》はさっそく、ターチのいる犬舎《けんしゃ》に2人を案内した。

ペットホテル以上の広さと清潔《せいけつ》な環境《かんきょう》に、里代子《りよこ》も祐子《ゆうこ》も大きな関心を示《しめ》した。

「お散歩体験もできます。いかがですか？」

香織《かおり》の申し出に、2人はさっそくターチを連れて散歩に出ることにした。たしかに体の大きさは予定外だったが、生後8カ月のわりには落ち着いていて、おだやかな性格《せいかく》だった。

体験散歩を終えて譲渡《じょうと》センターに戻《もど》った里代子《りよこ》は、「面接《めんせつ》担当の人事部長もお気に召《め》したようですよ」と冗談《じょうだん》を香織《かおり》に言った。

それから数日後には、施設《しせつ》長の加藤愛《かとうあい》も譲渡《じょうと》センターに来て、ターチとの散歩を楽しむようになった。

これほどまで熱心に何度も足を運んでターチとふれあっているのだから、3人はよほど気に入ったのだろう。小型犬とは言えないが、3人のターチを見るやさしい笑顔に、彼女たちは、きっとターチを受け入れてくれるだろうと香織《かおり》は直感した。

海浜公園《かいひんこうえん》での譲渡《じょうと》会から約2カ月が過《す》ぎた初夏の午後――。

神奈川県秦野市《かながわけんはだのし》にある高齢者施設《こうれいしゃしせつ》「アプルール秦野《はだの》」を訪《おとず》れた純子《じゅんこ》は、ターチと久しぶりの再会《さいかい》を果たした。

「ターチ！」

懐《なつ》かしい声に、ターチがしっぽを揺《ゆ》らして純子《じゅんこ》を出迎《でむか》えた。

「こんにちは！　お久しぶりです」

施設《しせつ》長の加藤愛《かとうあい》と、ターチを見初《みそ》めた篠原里代子《しのはらりよこ》が、純子《じゅんこ》に笑顔で頭を下げた。

ターチを連れているのはドッグ・トレーナーの小野真理子《おのまりこ》だ。

真理子《まりこ》はプロのドッグ・トレーナーで、ターチ専用《せんよう》のスタッフ（正社員）としてここで働いている。玄関横《げんかんよこ》には本格的《ほんかくてき》なドッグランが設置《せっち》され、事務《じむ》所の奥《おく》には三畳《さんじょう》近くあるターチ専《せん》用《よう》の部屋がある。

普段《ふだん》、ターチは事務《じむ》所の中で自由に過《す》ごしているが、お気に入りは人の出入りが多い受付カウンターの中だ。

朝、高齢者《こうれいしゃ》たちはみなターチに声をかけて食堂に入るという。

「ターチとふれあうことで、普段《ふだん》あまり話さない方も、笑顔でいろんな話をしてくれます。み

ターチと大西純子《おおにしじゅんこ》さん（左）、久しぶりの再会《さいかい》。
右はドッグ・トレーナーの小野真理子《おのまりこ》さん

事務《じむ》所の中を自由に動き回るターチ

なさんターチに身の上話をされるので、私《わたし》たち職員《しょくいん》も利用者さんのバックグラウンドがわかり、お世話しやすくなります」

施設《しせつ》長の愛《あい》はターチをなでながら、ターチが来てからのことを純子《じゅんこ》に話した。

「先日は、利用者さんのご家族や近所の方を呼《よ》んで、ターチのお披露目《ひろめ》会もやりました。その時には、湘南譲渡《しょうなんじょうと》センターの鈴木《すずき》さんも来てくださいましたよ」

香織《かおり》がお披露目《ひろめ》会に出席したことは、純子《じゅんこ》も報告《ほうこく》を受けていた。

ターチは、ここの職員《しょくいん》として地域《ちいき》の人たちに紹介《しょうかい》されたという。

それからというもの、家族が面会に来る時にはみな、ターチのおやつをお土産《みやげ》に持ってくるため、犬のおやつには事欠かない。うれしい悲鳴だと愛《あい》は笑顔で話し続けた。

ターチがみなに大切にされ、愛されていることは聞くまでもなかった。

「利用者さんのレクリエーションで、ボール投げをするのですが、投げたボールをターチが走って追いかけて持ってきてくれるので、利用者さんは大喜びです。お互《たが》いのコミュニケーションがボール投げで成り立つので、本当に楽しいようです」

ターチはその体の大きさならではの恩恵《おんけい》を、高齢者《こうれいしゃ》たちにもたらしているようだ。

ターチ効果《こうか》はそれだけではなかった。

「若《わか》い職員《しょくいん》の中には、何度指導《しどう》しても、勤務《きんむ》開始時刻《じこく》9時ぎりぎりにしか出勤《しゅっきん》しない子がいたのですが……それがですよ……」

施設《しせつ》長の愛がターチを見ながら、目を丸くして言った。

「今じゃあ、ターチがいるから、朝8時20分には来るようになったんです。びっくりですよ！」

だれに言われなくてもターチがいることで、職員《しょくいん》の仕事へのモチベーションが上がるという。純子《じゅんこ》はターチがこの施設《しせつ》の犬になって本当によかったと思った。

もちろん、これからターチも歳《とし》を取る。そうなれば、高齢者《こうれいしゃ》の介護《かいご》に加え、ターチにも介護《かいご》が必要となる。しかし、高齢者福祉《こうれいしゃふくし》に関わる人たちが、その点をないがしろにするわけがなかった。社会的弱者の気持ちを一番わかっている人間が働く職場《しょくば》なのだ。

アプルールでは、ターチが老犬となった時の対応策《たいおうさく》をすでに考えていると、純子《じゅんこ》に伝えた。

高齢者《こうれいしゃ》も職員《しょくいん》も、そしてターチも幸せになれる。

犬たちを送り出す譲渡《じょうと》でもっとも大切なのは「その飼《か》い主《ぬし》に合った犬を」、そして「その犬に合った居場所《いばしょ》を」だ。

人にとっても犬にとっても「絶対《ぜったい》にこの犬」「絶対《ぜったい》にこの場所」という決まりはない。互《たが》いに合った性格《せいかく》やライフスタイル、そして見合った環境《かんきょう》が、人と犬の幸せにつながるのである。どこに、どの犬がいいのか、それが本当に犬にとっても人にとっても幸せなのか。

救った命の行先までを見届《みとど》ける――。

それが、純子《じゅんこ》らピースワンコが考える「殺処分《さっしょぶん》ゼロ」のゴールなのである。

エピローグ　道標《みちしるべ》

「そのパン、残すんやったら私《わたし》にちょうだい！」

学校の居残《いのこ》りで、昨日白い犬に会うことができなかった純子《じゅんこ》は、仲よしの友だちに両掌《りょうて》を合わせてお願いした。

理由を話すと、友だちは快《こころよ》くパンを純子《じゅんこ》にくれた。

自分のパンと、友だちのパン。これだけあればお腹《なか》はかなり膨《ふく》れるだろう――。

純子《じゅんこ》はあわててランドセルを背負《せお》うと、教室から飛び出して、沼地《ぬまち》へと駆《か》けていった。

ランドセルの横にぶら下げた給食袋《ぶくろ》はパンパンに膨《ふく》らんで、妙《みょう》にバランスが悪く走りづらかったが、そんなことなどかまっていられない。

いちもくさんに沼地《ぬまち》に駆《か》けつけると、犬は純子《じゅんこ》を見てしっぽをブンブン振《ふ》って、待ってい
た。

「パン、たくさんあるで！」

純子《じゅんこ》は給食袋《ぶくろ》を手に取って、犬に近づいていったが、犬は今までとはまるで様子が違《ちが》う。

ふっくらとして、まっ白な毛並《けなみ》みはピカピカに光っている。

いったい何があったのだろうか。

だれがこの犬をこんなに美しい姿《すがた》に変えたのだろう――？

純子《じゅんこ》がパンを差し出すと、犬は駆《か》け寄《よ》ってきて、純子《じゅんこ》の手をそっとなめ、純子《じゅんこ》を見上げた。

そして一切れのパンを食べると、犬は純子《じゅんこ》から颯爽《さっそう》と走り去っていった。

「もうパン、いらんの？」

言うと、白い犬は振《ふ》り向《む》いて何度もしっぽを振《ふ》り、沼地《ぬまち》を滑《すべ》るように渡《わた》って消えた――。

「夢《ゆめ》か……」

ベッドの上で目が覚めると、あたりはすでに明るくなっていた。

夢《ゆめ》はまるで現実《げんじつ》のことのように生々しく、純子《じゅんこ》の頭の中を駆《か》け巡《めぐ》った。

思えば、あの白い犬との出会いは必然だったのだ。

それを人は、ただの「こじつけ」と言うかもしれない。

だが、「こじつけ」でいいではないか。その「こじつけ」が、だれかを幸せにできるきっかけにつながるのであれば、思《おも》い込《こ》みも悪くはない。

人はだれでも生きていく中で、仕事を担《にな》って、お金を稼《かせ》ぎ、時間を使って、日々を送る。

大切なのは、どんな仕事に就《つ》き、稼《かせ》いだお金をどう使い、与《あた》えられた時間をどう過《す》ごすかだ。

同じ人として仕事を担《にな》うのであれば、だれかを幸せにできる仕事を担《にな》いたい。

同じ人として時間を使うのであれば、だれかを幸せにすることに時間を割《さ》きたい。

同じ人として稼《かせ》いだお金を使うのであれば、だれかを幸せにできることに使いたい。

それが結果、自分の幸せにつながっていくのだ――。

純子《じゅんこ》の中で、もはやあの白い犬はガリガリに痩《や》せた、みじめな野犬《やけん》ではなくなっていた。

夢《ゆめ》の中の白い犬は、ふっくらとピカピカになっていた。

それは、ピースワンコが保護《ほご》し、新しい飼《か》い主《ぬし》のもとへ旅立っていったマギーやチェン、ターチたちの姿《すがた》と重なった。

みんな、みんな、あの白い犬と同じ、もと野犬《やけん》だったのだ……。

時代は変わった。白い犬と出会ってから35年が過《す》ぎ、純子《じゅんこ》の故郷《こきょう》も「犬の殺処分《さっしょぶん》ゼロ」の町になっていた――。


純子《じゅんこ》は、手で顔をパンパンと2度叩《たた》き、ベッドから起き上がった。

顔を洗《あら》い、歯を磨《みが》き、壁《かべ》に掛《か》けられたカレンダーを見た。

「今日は、火曜日か……」

火曜日は、動物愛護《あいご》センターでの犬の引き取り日である。

身支度《みじたく》を手早く済ませ、事務《じむ》所に到着《とうちゃく》すると、メールの着信音がスマートフォンから流れた。

今日、引き取る犬の数は、成犬《せいけん》が8頭、子犬が7匹《ひき》の合計15頭——。

今日も午後になると、安倍誠《あべまこと》らは愛護《あいご》センターに向かう。

収容《しゅうよう》された犬たちを車に乗せて、夕刻《ゆうこく》には、ピースワンコのシェルターに犬たちを連れて帰ってくる。

犬たちは第2シェルターに入り、獣医《じゅうい》師《し》が一頭一頭、診察《しんさつ》をおこなう。写真を撮《と》って名前をつける。野菜シリーズ、果物シリーズ、洗剤《せんざい》シリーズ……。

そして、犬たちの世話、治療《ちりょう》、トレーニング、譲渡《じょうと》……。

スタッフらにとってはくり返しの日常《にちじょう》でも、犬たちにとっては同じではない。

1700頭にそれぞれ名前があるように、それぞれの犬生《けんせい》がある。

そして、その犬生《けんせい》は幸せなものでなければならない。

それが、命を預《あず》かった責任《せきにん》だ——。

純子《じゅんこ》は、犬たちがいなくなった、がらんと静まり返った動物愛護《あいご》センターの管理棟《とう》を想像《そうぞう》していた。

緑のリノリウムの床《ゆか》、天井《てんじょう》にむき出しになった配管、消毒液《えき》のにおい、犬たちの糞尿《ふんにょう》の残《ざん》骸《がい》、そして……、動くことがなくなった殺処分機《さっしょぶんき》、押《お》されることがなくなった二酸化炭素《にさんかたんそ》ガス注入ボタン――。

いつか、自分たちの住む国、日本《にほん》中の「殺処分《さっしょぶん》ゼロ」が実現《じつげん》できれば……。

そうすれば本当に、沼《ぬま》を滑《すべ》るように渡《わた》れるのではないか――、と純子《じゅんこ》は思った。

命とは息をしていればいいというものではない。

命とは、幸せになる「希望」があるということだ。

（おわり）

刊行《かんこう》によせて

ピースワンコ・ジャパン　プロジェクトリーダー
大西純子《おおにしじゅんこ》

幼《おさな》い時から、私《わたし》のそばにはワンコがいます。

はじめは、父が知人からもらってきた、クロという黒柴《くろしば》のようなワンコでした。幼稚園《ようちえん》のころから両親は共働きで、幼稚園《ようちえん》の送迎《そうげい》バスを降《お》りてもだれの迎《むか》えもありませんでした。家まで一人で帰って、クロに「ただいま」とあいさつをする毎日でした。

両親の帰りが遅《おそ》くなったある夜のこと。クロはテラスで私《わたし》と肩《かた》を並《なら》べて座《すわ》り、私《わたし》が話すその日の出来事を、黙《だま》って聞いていてくれました。帰宅《きたく》した母は、クロと私《わたし》がまるで兄妹のように見えたといいます。犬が好き、というよりも、犬といることがあたり前のような生活でした。

それからわが家には、いろいろなワンコたちがやってきました。

飼《か》い主《ぬし》の会社が倒産《とうさん》して飼《か》えなくなったというグレートデン、飼《か》い主《ぬし》が離婚《りこん》して行く当てがなくなったゴールデンレトリーバー、私《わたし》が拾ってきた雑種《ざっしゅ》のコロ……、なぜか事情《じじょう》のあるワンコたちが集まる家でした。

子どもの私《わたし》も、散歩や犬の世話をするのはあたり前でした。中学時代をともに過《す》ごした秋《あき》田犬《たけん》の小鉄《こてつ》は、散歩途中《とちゅう》にいろいろなものを発見するワンコで、川沿《ぞ》いの草むらで亀《かめ》を見つけ、鼻先をかまれたり……。あき地で財布《さいふ》を見つけていっしょに交番に届《とど》け、落とし主からお礼のケーキをもらったこともあります。犬のにおいを嗅《か》ぐ力には、いつも感心しました。

こうして、毎日いっしょに出かけることで、犬が人間社会でも嗅覚《きゅうかく》を使い、いろんなことを感じているのを肌《はだ》で学んでいったのです。

小学校6年生の修学《しゅうがく》旅行の時、ピースワンコ・ジャパンがある、ここ広島県《ひろしまけん》を初めて訪《おとず》れました。原爆《げんばく》ドームや資料館《しりょうかん》を見学し、原爆《げんばく》の子の像《ぞう》にみんなで折った千羽鶴《せんばづる》を捧《ささ》げました。その後も「平和都市・広島《ひろしま》」、「ＮＯ《ノー》 ＭＯＲＥ《モア》 ＨＩＲＯＳＨＩＭＡ《ヒロシマ》」というフレーズを国内外で目にし、どの地よりも命を尊《とうと》ぶ街だという認識《にんしき》を深《ふか》めていったのです。

ところが、大人になり、私《わたし》が広島県《ひろしまけん》で暮《く》らし始めた数年後、目を疑《うたが》うような記事が地元の新聞に掲載《けいさい》されました。

「犬猫殺処分《さっしょぶん》　広島県《ひろしまけん》が最多　８３４０匹《ぴき》　野良《のら》の対策急務《たいさくきゅうむ》」

平和を尊《とうと》ぶ広島県《ひろしまけん》で、21世紀になっても、まだ殺処分《さっしょぶん》などということがおこなわれていることに、とてもショックを受けました。

動物愛護《あいご》センターが犬ねこの殺処分《さっしょぶん》をおこなう背景《はいけい》を調べると、そこには信じられない現状《げんじょう》がありました。飼《か》い主《ぬし》から愛護《あいご》センターに持《も》ち込《こ》まれる場合、その理由は、「引っ越しをするから」「離婚《りこん》したから」「子どもがアレルギーだから」「思ったより大きくなったから」「子犬（ねこ）が産まれたけど飼《か》えないから」「かむから」「吠《ほ》えるから」「忙《いそが》しくて面倒《めんどう》を見られないから」「生活保護《ほご》を受けるから」「犬（ねこ）が病気になったから」「飼《か》い主《ぬし》が病気になったり亡《な》くなったから」……など、挙げたらきりがありません。

一方、ブリーダーから持《も》ち込《こ》まれる場合は、「繁殖《はんしょく》に使えなくなった」「奇形《きけい》が産まれた」「売れなかった」「廃業《はいぎょう》する」など、どれもこれも人の身勝手な都合ばかりが並びます。

そのほかは、迷《まよ》い犬・迷《まよ》いねこ、捨《す》て犬・捨《す》てねこ、野良犬《のらいぬ》・野良《のら》ねこ、野犬《やけん》など、所有者不明の犬ねこたちです。しかし、この犬ねこたちも、もとは人と関わっていたはずの犬ねこたちです。

犬は、人と暮《く》らすために、人と仕事をするために、長い年月をかけて改良されてきた動物です。だから、世界には４００種以上の犬種が存在するのです。これだけ多種多様な種類がある

動物は、犬のほかにはいません。人が犬をつくってきた、といっても過言《かごん》ではないのです。
だからこそ、人にはその犬が持つ能力《のうりょく》を十分に発揮《はっき》させ、その命を輝《かがや》かせる責任《せきにん》があります。私《わたし》たち人の都合で飼《か》われ、私《わたし》たち人の都合で捨《す》てられる命に対しての責任《せきにん》です。
責任《せきにん》というと、何だか犬との生活を楽しめなくなりそうですが、そんなことはありません。犬との生活を、どうぞ楽しんでください。犬という動物のことを学び、そのすばらしい能力《のうりょく》に感動し、共同作業することができる楽しさを知ってください。
ワンコとヒトの幸せのために――。

２０１７年12月

ピースワンコ・ジャパンの譲渡《じょうと》センター

神石高原《じんせきこうげん》シェルター

〒720-1702
広島県神石郡神石高原町上豊松 72-8
お問い合わせ先：TEL 0847-89-0039
jinseki@peace-winds.org
http://peace-wanko.jp

広島譲渡《ひろしまじょうと》センター

〒733-0036
広島県広島市西区観音新町 4-14　ショッピングモール「広島マリーナホップ」内
お問い合わせ先：TEL 082-292-8525
marina@peace-winds.org

湘南譲渡《しょうなんじょうと》センター

〒251-0043
神奈川県藤沢市辻道元町 6-20-1 湘南 T-SITE 1号館 GREEN DOG 内
お問い合わせ先：TEL 080-9813-0608
shonan@peace-winds.org

世田谷譲渡《せたがやじょうと》センター

〒156-0054
東京都世田谷区桜丘 3-23-2 馬事公苑アーバンフラット 1-A 号室
お問い合わせ先：TEL 03-6413-7095
setagaya@peace-winds.org

福山譲渡《ふくやまじょうと》センター

〒721-0974
広島県福山市東深津町 2-9-15
お問い合わせ先：TEL 084-928-1785
fukuyama@peace-winds.org

（2017 年 11 月現在）

今西乃子（いまにし　のりこ）

児童文学作家
児童書のノンフィクションを中心に執筆活動をおこなう。
大阪府岸和田市生まれ。千葉県在住。
著書『ドッグ・シェルター』（金の星社）で、第36回日本児童文学者協会新人賞を受賞。執筆の傍ら、愛犬・未来を同伴して小・中学校を中心に「命の授業」を展開。その数200校を超える。
主な著書：『犬たちをおくる日』『命を救われた捨て犬・夢之丞』（ともに金の星社）、捨て犬・未来シリーズ『命のバトンタッチ』『捨て犬・未来と子犬のマーチ』『捨て犬・未来と捨てネコ・未来』『捨て犬・未来、命のメッセージ』『捨て犬・未来、命の約束』『捨て犬・未来、天国へのメッセージ』（岩崎書店）など多数。
日本児童文学者協会会員
http://www.noriyakko.com

浜田一男（はまだ　かずお）

写真家
1958年千葉県生まれ。
東京写真専門学校（現東京ビジュアルアーツ）卒業。1990年写真事務所を設立。
第21回日本広告写真家協会（APA）展入選。
『小さないのち まほうにかけられた犬たち』（金の星社）ほか
企業PR及び雑誌・書籍の撮影を手掛ける。
数点の著書の写真から選んだ「小さな命の写真展」を各地で展開。
http://www.mirainoshippo.com

特定非営利活動法人ピースウィンズ・ジャパン

ピースワンコ・ジャパンプロジェクトを運営する認定NPO法人。1996年の団体設立以来、イラク、アフガニスタン、南スーダン、東ティモール、日本（東北・熊本）など世界28の国と地域で、紛争後の難民支援、自然災害の被災地支援などに携わってきた。2017年10月現在、日本を含む世界14カ国で活動中。近年は「社会変革」をキーワードに、過疎地の地域振興や動物保護などの分野にも活動を広げ、行政と連携しながら民間の力を公益の実現に生かす新しい仕組みづくりに取り組んでいる。
http://peace-winds.org

■取材協力
広島県動物愛護センター
有料老人ホーム　アプルール秦野

■装幀・口絵：後藤葉子（森デザイン室）
■組版：大村晶子（合同出版制作室）
■イラスト：入江めぐみ
■写真提供：PWJ（口絵 4-5p, 本文 5p,99p,101p,105p）

ピースワンコ物語

犬と人が幸せに暮らす未来へ

2017 年 12 月 15 日　第 1 刷発行

著　者　　今西乃子
写　真　　浜田一男
協　力　　特定非営利活動法人ピースウィンズ・ジャパン（PWJ）
発行者　　上野良治
発行所　　合同出版株式会社
東京都千代田区神田神保町 1-44
郵便番号　101-0051
電話　03（3294）3506
FAX　03（3294）3509
振替　00180-9-65422
ホームページ　http://www.godo-shuppan.co.jp/
印刷・製本　　株式会社シナノ

■刊行図書リストを無料進呈いたします。
■落丁・乱丁の際はお取り換えいたします。

ISBN978-4-7726-1331-6　NDC916　216 × 151